U0469541

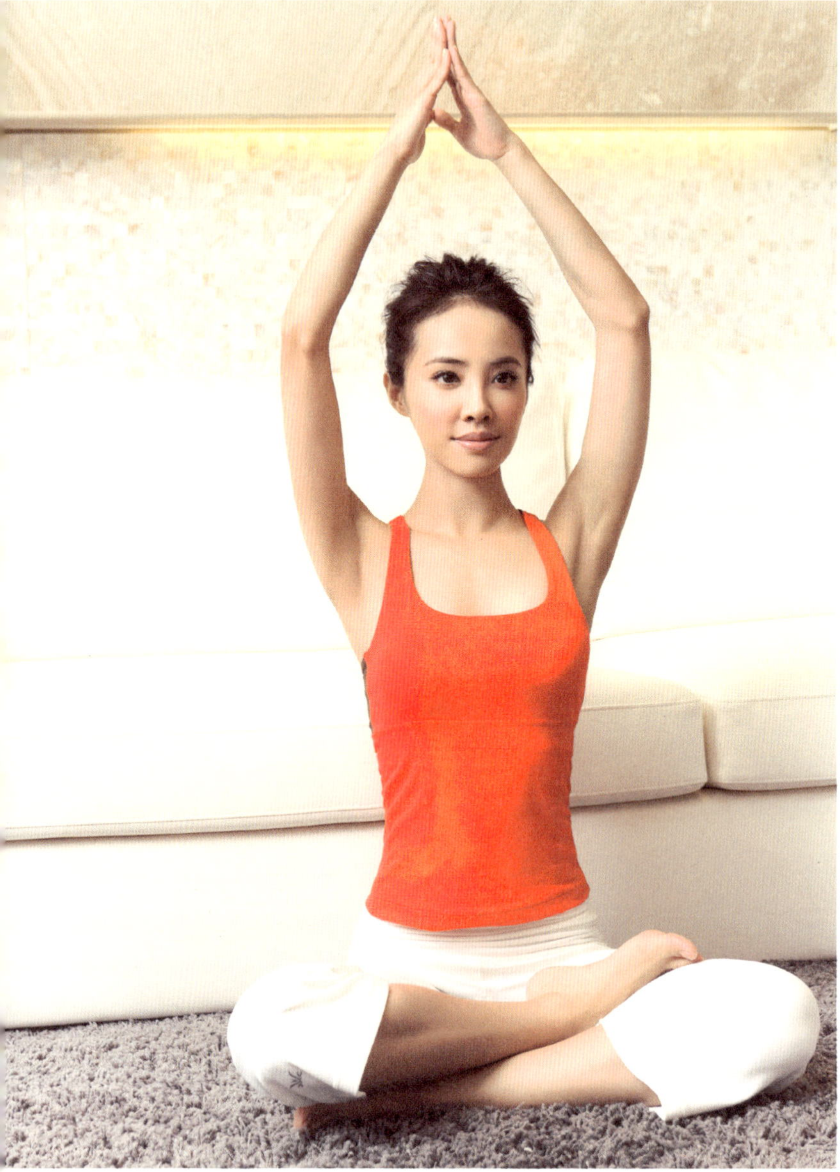

养瘦

蔡依林 Jolin 著

Jolin

能吃能睡又能瘦

上海文艺出版社

Foreword

作者序
从里到外都美丽

  哈啰！谢谢你们买下这本集结我多年瘦身经验的书，这里面记录了我这几年以来所有的瘦身心得和方法，我真心地想要与你们分享这一切，因为让你们得到正确的减肥观念，瘦得又美又正，是我很在乎的事情！

  我从一开始完全不知道要怎么瘦身，听信网络上或同事间错误的减肥方法，那时候几乎天天都处于一种精神紧绷的状态，甚至还伤害到自己的身体，心情也美丽不起来，让我后悔莫及！我想这件事情你们也都听说过不少传言吧？

  后来我认识了减重营养师，他们教了我一些观念，慢慢纠正我错误的饮食生活方式，我才开始"敢吃"。我相信很多有意志力减肥的人，都曾经陷入一种"少吃少胖"的误区，但这是错误的观念喔！我一定要再次特别强调，其实"吃才是减肥的开始"，重点就在于你吃对还是吃错而已。

  后来我又认识了另外一位营养师，她除了告诉我怎么吃才会瘦之外，甚至更进阶地告诉我"怎么吃才美"，我很认真地将那套观念学起来之后，发现原来瘦身还有另外一个关键，就是内在身体机能也要调养好，才能从里到外都美丽！所以啰，现在我即使一直维持住这样的身材，同时也能做出需要大量体力的演出，让你们欣赏到我的演唱会之类的，这一切都是因为我不只瘦，而且瘦得很健康啊！

我真心地说，这真的是一本很实用的书，既能帮助你瘦身又能健体，希望你们都不要再去误信那些害死人的减肥流言了，因为那些会伤害身体健康的方法真的是得不偿失，赶快跟着书里的方法，和我一起变美丽吧！

学起来之后要"坚持"下去，一起加油吧！

Preface

推荐序
Jolin的玩美主义

　　yo! yo! 亲爱的，最近怎么样～～～哎唷！不错喔～听说又要出书了……呵呵！了不起呀！想不到没我在身边的日子，你除了无恙，还愈来愈博学多才了～～～对于你，除了佩服，更加景仰！若我拥有你三分之一的耐力执著，绝不放弃的性格……～～～还是别吧！以我懒人的性格，刚刚那几个字，就当没写过啦……哈哈哈！

　　虽说我不在你身边的日子多过在你身边的日子，～应该说……多很多很多（害羞），但是，请你切记，我可是在忙碌的工作之后，余下来的时间里，时时偷偷地关注你，尤其是你那惊人的"食量"！以前的你，常让我觉得不可思议，怎么可以这样子"善待"你自己的身体，多想告诉你：人生除了梦想，身体健康快乐才是人生最重要的推动力，试想，没有健康的身体，梦想又要如何飞翔？呼！直到看到这本书，曾经的担心终于放下，我说，唷！难怪近期的你比以前更加容光焕发、神采奕奕，还以为可能是沉浸在幸福中……嘻嘻嘻嘻！

　　好啦好啦，发自内心的废话来啰：

　　每一次看到你亮眼地站在舞台上，就像是与生俱来的歌姬一般，这舞那唱的，总是从心里默默地为你鼓掌加油骄傲着，但却也同时间心疼着，心疼着你为每一个舞步疼痛扭曲留下的汗水，每一个跳跃音符的声嘶力竭，因为我知道这一切的玩美，是经过多少的日日夜夜不断转换交替忍着痛含着泪得来的成果；而那玩美公主模样魔鬼身形，又是经过数万次的咬牙切齿，才克服住垃圾美食强烈的诱惑保持着！

　　作为一个默默在你背后为你鼓掌的朋友，其实最开心的，不是跟你一起分享你的成就与否，而是看到你，知道你，健康并快乐地享受自己的人生追逐自己的梦想～

　　人儿啊～吃得开心，睡得安稳，笑得灿烂，梦得美丽，才是人生的过程中最重要的功课。

　　感谢你发现了人生的真谛，认识了自己的身体，让爱你的人～呼～放心了许多，学会与自己的身体平衡相处，更是人儿活着的修行。

　　身体是如此神奇又精密的武器，不好好的保养使用关心了解，又怎能让身体带领着我们健康快乐地向着梦想前行呢？！是不是？！对不对？！有没有～～哈哈哈～XOXO～～～～

　　对了！亲爱的，我俩也差不多该"瘦身"且"健康"的聚聚啰！

　　\(o︿，︿o)/～～～

舒淇

Contents

作者序：从里到外都美丽 蔡依林 ……002
推荐序：Jolin的玩美主义 舒淇 ……004

Part 1　那令人抓狂的减肥岁月 ……010

养瘦！这才是瘦身真功夫 ……012
爱美无罪！想瘦有理！ ……014

分享我的错误，让你们省去冤枉路 ……016
瘦不等于美丽 ……018
非常人般的极致要求，一路走来竟血泪斑斑 ……020
体重变成我的心情指数，最后我全盘皆输 ……022
瘦身减肥第一课，必先丢掉体重计 ……024
瘦身，应该是一段美丽旅程 ……027

Part 2　网络瘦身流言终结者！ ……030

错错错！这些方法统统瘦不了！ ……032
胶带缠手指 ……032
每天只吃一餐或不吃 ……033
只吃苹果等单一食物减肥法 ……034
吃代餐包和零食代替正餐 ……035
各种塑身道具 ……036
埋耳针、针灸减肥 ……037
喝减肥茶、山楂茶 ……038
喝果醋 ……039
只吃肉、卤味，不吃淀粉 ……040
无油、过水减肥法 ……042
吃减肥药 ……044

五大正确瘦身原则，缺一不可！ ……046
一、天上不会掉下来让你变瘦的礼物 ……047
二、请唾弃不符合健康准则的方式 ……048
三、不能持之以恒等于白搭 ……049
四、造成生活不便就别为难自己 ……050

五、听取专业不要耳朵硬 ……051

"Jolin流"养瘦内功心法！ ……052
一、爱自己，不要和自己的身体为敌 ……053
二、"养瘦"是终身大事、不是百米赛跑 ……054
三、做个美人一定要气色红润、元气足 ……056
四、抛开卡路里、丢掉体重计 ……058
五、不要因为"吃"而影响情绪 ……060
六、寻求专业咨询 ……063

Part 3 吃，是减肥的开始 ……064

"吃得对、吃得够"是基础大原则 ……066
听身体说的话，别听脑子说的话 ……068
拥有正确减肥知识才能达到瘦身效果 ……070
算分量比算卡路里简单得多 ……072
记录"吃东西日志"，这是减肥的大帮手 ……073

我实行多年的"养瘦私笔记" ……076
一、好消息，就算光睡觉也会消耗热量哟！ ……078
二、吃对食物就变瘦！也太简单了吧！ ……082
三、"肉+菜+淀粉"＝超有用减肥餐 ……086
四、养瘦生活的每日饮食分量 ……094
五、不用装水袋，你自己就可以控制胃的大小 ……100
六、Jolin不怕外食的私藏秘诀 ……102

外食族的养瘦提案 ……109
肚子饿却没空去吃饭，怎么办？ ……109
这也胖、那也胖，胖的部位都不一样！ ……111
我要如何拥有自然苹果光？ ……113

Case Study
二十公斤换来的幸福婚姻 ……114

Contents

Part 4 养瘦心法大公开！ ……126

神奇的窈窕超体验，关键只在吃对与吃错 ……128
除了变瘦变美之外，我更是活力满分 ……130
不再痛恨脂肪，原来它能让人这么美丽 ……132

女生最怕的局部肥胖，靠吃就能改善 ……134
不吃冰品和生食，下半身肥胖bye bye ……135
拒冰还能老得慢，你还要来碗刨冰吗？ ……136
配合会流汗的运动，你一定会健康得想大叫 ……138

避免上火，以免毁了你的健康与美丽 ……140
肤色、肚腩、口渴，都能观察出火旺 ……141
睡得好，甩肉、去火好处一大堆 ……144
三餐认真吃，早餐一定要 ……147
要吃就吃优质蛋白，就是不过度烹煮的肉 ……149
令人难以抗拒的炸物、甜食和饮料，只能少吃啊！ ……152

女生最怕的水肿，我有法宝来治它 ……154
喝水量不足也会让你肿得像气球 ……155
代谢差、吃重咸，也是水肿的大帮凶 ……157
当当！抗水肿大法宝：红豆茯苓莲子汤 ……158

"心想事成减肥法"可不是唬你的！ ……160
不要想"我要减肥"，而要想"我要调整体态" ……161
正面思考是健康瘦身的第一功臣 ……162

> Case Study
> 孕妇健康瘦身超EASY ……164

Part 5 乡民们的瘦身美容大哉问 ……178
脸蛋 ……180

胸部 ……182
手臂 ……184
腿部 ……185
肚腹 ……187
臀部 ……190
头发 ……192
饮食习惯 ……193
运动塑身 ……204
肤质保养 ……206
其他问题 ……214

Part 6 Jolin常做的瘦身进阶操 ……216
做运动前需知笔记 ……218
A式 美人纤背式 ……220
B式 诱人美背式 ……221
C式 肩颈骨感式 ……222
D式 心机俏臀式 ……223
E式 紧实大腿式 ……224

表1：消耗热量的三大方式与效能表 ……081
表2：Jolin的简易"分量"查询表 ……096
表3：Jolin的"日常活动"对照表 ……097
表4：五日健康养瘦菜单 ……108
表5：上火食物VS症状 ……143
表6：简易自我检测症状法 ……146

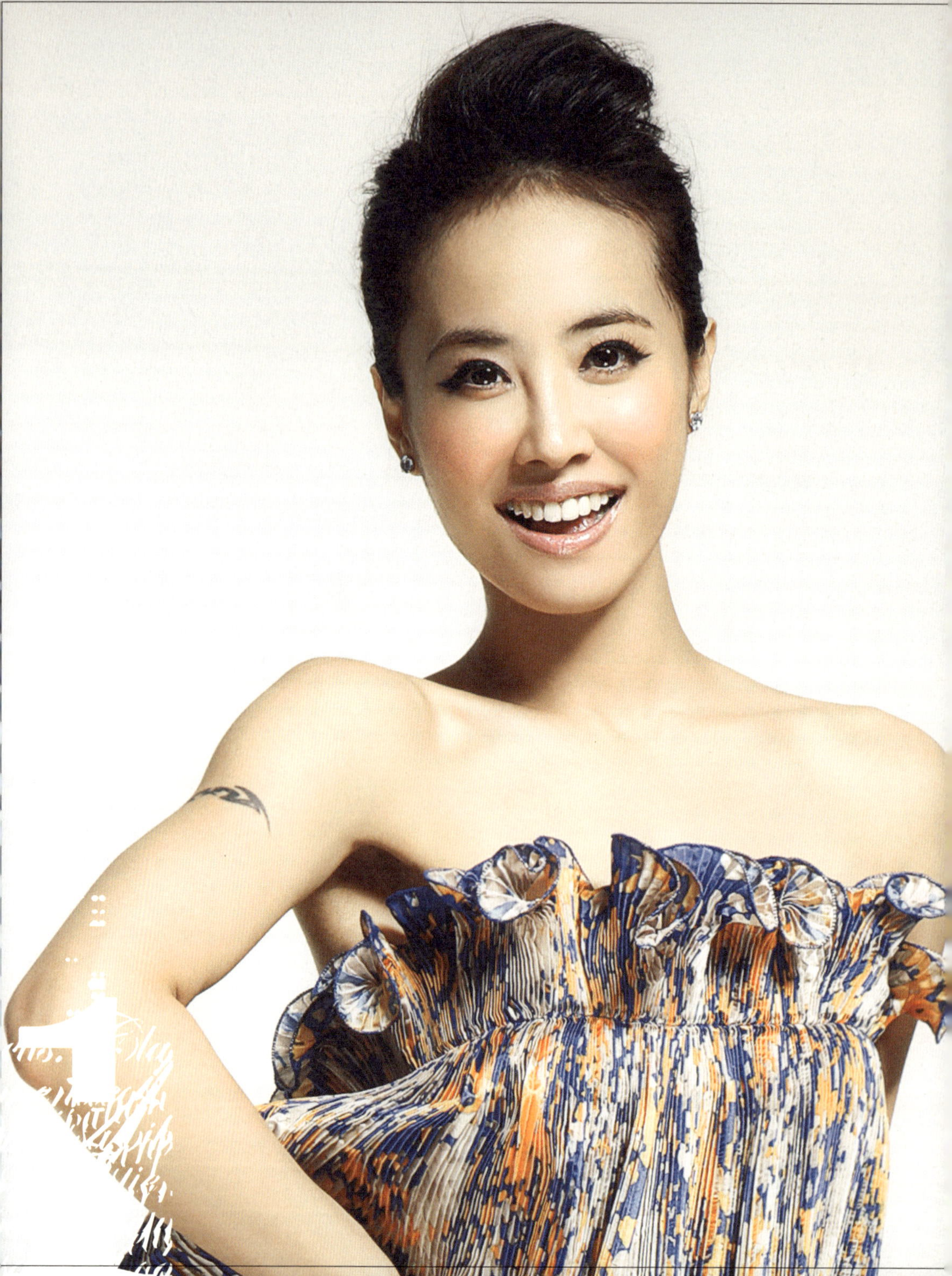

Part 1
那令人抓狂的减肥岁月
为每一位怀抱"我要变美"的你而写

谈到瘦身、爱美,想当然尔,应该没有人比我更有资格了,因为我几乎穷极一生之力地在追求这目标。"养瘦"这个新概念,是让我现在能够达到健康瘦身的主要大功臣,当然也是我在本书当中,即将要与各位分享、并带给各位的美好瘦身旅程。我也相信瘦身这是每个女生一辈子都在追求的东西,虽然我的一生到目前为止不算很长,相对于未来,我还有很长的路要继续追求瘦身和美丽呢!

养瘦！这才是瘦身真功夫

很多人都问我，到底什么是"养瘦"？其实养瘦这观念很简单，主要就是在日常生活中，用健康的态度，无时无刻培养出一个既健康又可以瘦身的美丽生活习惯。也就是说，这样的瘦身习惯要能够随时随地进行，也就是完全和我们的生活融为一体的方式。

很多美眉都很不愿意相信，会有一个每天都能执行且有效的减肥方法，但是，请相信我，这是真的，只要你肯努力又有毅力，一定能够完成。所以我才愿意公开与各位分享，希望你们都跟现在的我一样，有一个健康的身体，也有良好的体态！

"养瘦"就是要你一点一滴地培养瘦身观念和习惯，强调"能吃能睡又能瘦"的特色，然后得到一个健康、美丽又窈窕的身体。等你看完本书，并且把我的瘦身方法都学起来力行之后，你肯定会在不知不觉当中就达到这个境界的。

我跟你们一样，并非一开始就懂得这个正确的瘦身减肥法，想当初我甚至比一般人更努力，结果就是花了N倍的钱财、无数的宝贵光阴，甚至赔上珍贵的健康，最后却换来一个又一个可怕的"后遗症"，不管是生理或是心理都受到严重创伤，然后就算变瘦了也只落得"面黄肌瘦"的下场而已，一点都不美丽！

这不是我要的，也不会是你们要的，所以请你们一定要学会我在书里说的正确观念，因为这不仅关系到你的外貌，更关系到你的身体健康喔！

爱美无罪！想瘦有理！

从初中开始，我就懂得要追求美了，那时看着时尚杂志里美丽的model，觉得自己真的跟丑小鸭没两样，而且青春期的婴儿肥使我距离超级名模的标准太远、太远。

长高是很难靠后天努力的，但变瘦绝对是肯奋斗就能达成的。我从小就有惊人的意志力，深信自己一定能够变成像时尚杂志里那种纸片人model，因此我积极地阅读大量报章杂志的瘦身信息，并且常常在网络上输入关键词"减肥"来搜寻出任何一种可行的变瘦方式。

或是，只要听说哪个明星用了哪种方法成功瘦了一大圈，我都会迫不及待地试验。那几乎是一种班上的集体中毒，同学之间会交换彼此的减肥心得，一起朝向"纸片人"的目标迈进。

有些方法现在看起来很蠢，想都不用想就知道是在糊弄，但"想瘦"心切的一群女生，不但蒙蔽了理智，还奔走相告朋友一起来试，如果A方法试了一个礼拜没动静，就赶紧换B方法试试看，把锲而不舍的毅力发挥到极致，目的就是为了要找出传说中最神速、最无敌、最好用的方法，让自己又瘦又美。

初中、高中加上大学，用好几年宝贵的青春光阴亲自反复"活体试验"，蓦然回首：我还真是走了好长的一段冤枉路啊！（流下两行泪）年轻的时候，我们总是很容易就听信未经证实的错误信息，用自己的身体、甚至大笔金钱来实验，但效果短暂或者根本不见效果，花钱事小，赔上健康才真是得不偿失。

分享我的错误，让你们省去冤枉路

"只要努力，没有不成功"的这个道理，在我身上最为人所知的是"跳舞"这件事情，自认没有天分，因此我拼了命地努力练习。正因为经由这种实践，我更加愿意努力在所有我追求的事情上，有人说："Jolin，你根本从来就没胖过，哪来的瘦身经验？你只是因为标准太高，才会要减肥吧？"说这些话的人，真是太不了解我了，我其实是易胖体质，只要稍微放纵不留意，后果就是一斤一斤的肉从身上冒出来，正因为这样，我才丝毫不敢松懈，更不敢在这件事情上放纵、耍任性。

也许我有那么一点点一般人所没有的特质，那就是"好强"以及"永不放弃"的个性，我总是意志坚定地不断实现目标、自我突破。

然而实现目标的过程，我却丝毫没有异于常人的地方，就像练跳舞、上鞍马等等那些表演的项目一样,过程中我常常摔跤、失败;唯有摔了又摔,坚持地练下去,大家才会看到我每一次都有不一样且尽心尽力的表演。

瘦不等于美丽

在追求"完美身材"这件事上，我也试了又试。各种错误的方法、整得自己头晕目眩的方法、赔掉健康的方法、让自己一点也不美丽的方法……只因为我曾经盲目地告诉自己："要瘦、要瘦，瘦就是漂亮，就等于美丽。"那段盲目、疯狂追求瘦身的岁月里，只要听到可减肥的传言，不管那方法有多不人道或有多离奇，我都积极亲身体验。但在那段岁月中，我几乎要怀疑：真的只要努力就一定会成功吗？为什么我试遍各种方式，却如同鬼挡墙一般体重上上下下，始终无法达到"纸片人"的标准？

也许正在读着这本书的你，也都听说过这些方法，甚至也跟我一样用自己的身体去试验过，它们包括：只吃水煮的青菜或苹果、所有食物过水去油、戒吃淀粉、喝减肥茶、吃减肥药、针灸、滚轮……甚至在小指头上缠绷带之类的方法，我全都试过。

更夸张的是，有一阵子我什么都不吃，只喝水，这一切疯狂的行为，都只为了希望体重计上的数字可以一直往下走，到达自己定下的目标——35公斤为止。（我当时到底在想什么呢？35公斤究竟是哪来的想法？现在回首，觉得自己当时真的是中邪了啊！）

我要在这里跟大家分享我的错误，原因很简单：我相信自己的平凡，所以相信许多女生（其实应该很多男生也一样）跟过去的我相同，都经历过或者正在经历追求瘦身的痛苦，并且为错误付出严重的代价。我希望大家能够省去不必要的冤枉路，直接学会正确的观念，那么我付出过的痛苦代价，就会更加值得。以下就是我亲身体验错误方法的痛苦过程，现在自己看起来都觉得惨不忍睹呀！

非常人般的极致要求，一路走来竟血泪斑斑

进入了工作压力大、竞争激烈的演艺圈之后，我比以前更积极、下更多功夫在瘦身上。我把处女座追求完美的个性发挥得淋漓尽致，采取了最极端的几种减重方式，每天都在和体重计上的数字赛跑，不但在饮食上严格地要求自己，每当没有达到预期的目标，随之而来的就是透不过气的沮丧感和自责的情绪。否定自己、觉得自己不够认真努力，即使明明连我自己看着自己镜中的身形已经觉得骨瘦如柴，但看着体重计上的数字，永远都觉得不够、不够。

慢慢地，我的身体出现各种症状，你们在减肥时遇到的状况，讲得出来的问题我大概都有，举凡：失眠、胃痛、胀气、昏眩、贫血、鼻子和皮肤过敏、脸上狂冒痘痘、心脏和身体疼痛、排便困难、莫名其妙想哭、生理期不正常……

如果那时候有人可以在旁边告诉我："你错了！不要再这样胡搞下去了！正确的做法应该是……"那该有多好！我就可以不必浪费那么多年时间，一直在反复经历身体和心理的双重痛苦。

后来我开始接触专业营养师，他们帮助我了解："原来极端节食不但对减重毫无帮助，还会把身体搞坏。"他们纠正了我很多错误的减重观念，也给了我营养均衡、计算过卡路里的菜单。但固执的我，不但严格力行他们给我的规则，甚至做得更加过火，比营养师规定的要吃得更少、更清淡。他们要求我做到的程度如果满分是十分，那么我一定会更加倍严苛地要求自己做到十五分，甚至是二十分。因为我还是相信，只有"加倍"努力，才能达到我想要的——瘦、瘦、瘦。

体重变成我的心情指数，最后我全盘皆输

不知不觉间，体重计变成我的情人似的，我所有的情绪完全被它牵着走。只要数字往下降我就开心，但相反的，如果不降反升，或者停滞不动，我一整天的心情都会很沮丧。我是不是算错而多吃了一点淀粉或太油的东西？会不会是工作人员买的便当"饭"的分量错了？所有的不解、怀疑和沮丧，最后导向的结论都一样——我必须更努力，只要体重计上的数字向上走，那么我就是输了。

我最瘦的时候体重是39公斤，距离目标还差4公斤，但那简直就是"纸片人"的极限程度了。连营养师都严厉劝阻我："Jolin，你这样不行，真的太瘦了。"我却没有一点想停下来的意思。

现在回头看那段时间照片里的自己——真的很瘦，瘦到真

的只能用"皮包骨"来形容，气色看起来很差。而实际上那阵子我过的真是非人生活，不但容易觉得累，也容易心情低落或发脾气，情绪经常大起大落，加上因工作压力、不正常的饮食和作息，肠胃变得虚弱，容易胃痛、胀气，不易入睡、经期失调，脸上猛冒痘痘。那段时间不要说跳舞了，有时连副歌高音都唱不上去，甚至曾经有一年月经都没来。

那时候我确实是瘦了，还因为采取比营养师的建议更激进的方法，比预期的瘦得更快、更猛，但整个人很虚弱，而且一点也不如我想象中的美丽。妈妈看我瘦得"不成人形"，（这形容一点也没夸饰喔！）劝也劝不听，只能在一旁默默地担心。我的身体不断发出警讯，像是在警告我："够了吧，你能不能爱惜一下我，你若是再不让我好好休息、喘口气，你会付出无法承担的代价的！"我想当一个气色好、有体力、有元气的Jolin，而不是病痛不断，甚至影响到工作表现的超瘦Jolin。这些健康上的"副作用"，都是我始料未及的。

瘦身减肥第一课，必先丢掉体重计

如同我前面说的，营养师的专业其实绝对足够让我瘦得健康美丽，但当时的我只能说是疯了，因此没有完全遵循他们的规则，而是"假猴"（注：台语，不懂装懂的意思）的硬要对自己更严厉。

不知道该说"好气"还是"好笑"呢？过去的我，被错误的信息所误导，后来却变成了这些信息的"主角"。在一次飞往内地的途中，同事递给我一本杂志，里面画的是"Jolin发明的神效瘦身法"，包括绑蝴蝶结，指甲彩绘（标榜擦了就不太会拿东西来吃而变瘦），还说照着上面写的方法把马尾绑起来，就可以瘦大腿！看得我哈哈大笑之余，却也忧心忡忡，会有多少女生像当年的我，因为误信这样的错误信息而伤害了自己？

为了让有心变美的大家一开始就有正确的观念，不要被错误的信息牵着鼻子走，或者像我一样把大好青春浪费在"尝试错误"上，我决定在这里完整公开这段"血泪"经验，当然也提供给你正确的知识。如果刚好你正在尝试，不妨参考一下我的经验吧！

后来我认识了一位有自疗经验的朋友（她因为健康出过严重的问题，在经过西医、中医的治疗后，找寻到自己治疗自己的方式而有了心得），她针对我身体上的症状提出饮食和日常作息上的各种建议，从认识和辨别哪些食物"该吃"和"不该吃"的基础课开始学起，慢慢调整身体状态。她认为吃下对身体有益的食物，摄取足够而不过量的营养，身体好了、睡得着觉、疼痛消失、气色转好，美丽和理想的体态自然就会跟着来。而她给我出的第一个课后作业，竟然是——"丢掉体重计"。

对减重的人来说，体重是一个主要的参考数据，当这位朋友要我丢掉体重计时，我确实觉得非常不可思议。但仔细思考，她要我做到的是：观察自己的身体，身体会告诉我们一切，穿上合身的衣服，你自然会察觉是不是腰围粗了、肚子变大了，手臂有没有变粗，屁股有没有变大……不需要体重计来衡量，相对那上上下下的数字只会让人产生过度的焦虑。

瘦身，应该是一段美丽旅程

我乖乖照着营养师的建议，配合练瑜伽，开始了一段全新的"美丽旅程"。

两年的时间过去，我变成你们现在看到的Jolin——不再汲汲计较于体重数字，知道怎么善待自己的身体，工作表现、心情和体态都一样美丽的Jolin。我真心急于与你们分享心得，我从自己这几经转折的经验里体会到的是：追求美丽，应该是长期甚至一辈子的目标，而不是只求迅速有效的短期任务。决心、毅力和恒心，还必须要加上专业知识的辅助，才不会因为盲目误信口耳相传、未经查证的偏方，多花了冤枉的时间和金钱，达不到目标事小，赔上自己的健康，才更让人觉得遗憾。

从网络或杂志上以Jolin之名而流传的减肥方式，多到我本人都无法置信的程度，而其中真是错误的居多，每每看见我都觉得触目惊心，有那么多的粉丝一直以我为榜样，要是大家误信那些减肥方式，我简直无法想象万一有人因此而受伤害，我要如何承受。因此出本书的第一大原因，就是要端正视听，请大家不要再轻易相信坊间流传的Jolin式的减肥法。

　　而这本书更是为每一位怀抱"我要变美！"梦想的你而写。看我一路从不满意自己的婴儿肥开始决心减重，到手法病态的"激瘦"阶段，再到现在懂得善待身体、维持健康的心境和体态，故事里的我，其实也就是正在读着这本书的"你"。你和我一样，有过因为不满意自己的身材而历经跌跌撞撞，来回在"欣喜－沮丧－忧郁"的情绪里反复波荡，也许我稍稍幸运一点点，遇见了愿意给我专业知识建议的营养师和朋友，纠正我过去太躁进、太求快的错误观念，也提供了如何由里而外漂亮起来的实行方法。而现在，我要把自己所试过的、所学到的，统统教给你们。

下次见面时,我要看到你们每个人都美得自信,美得活泼健康。就从现在开始,拿出你过人的毅力和恒心,和Jolin一起美丽吧!

Jolin 悄悄话

这本书更是为每一位怀抱"我要变美!"梦想的你而写。就从现在开始,拿出你过人的毅力和恒心,和Jolin一起美丽吧!

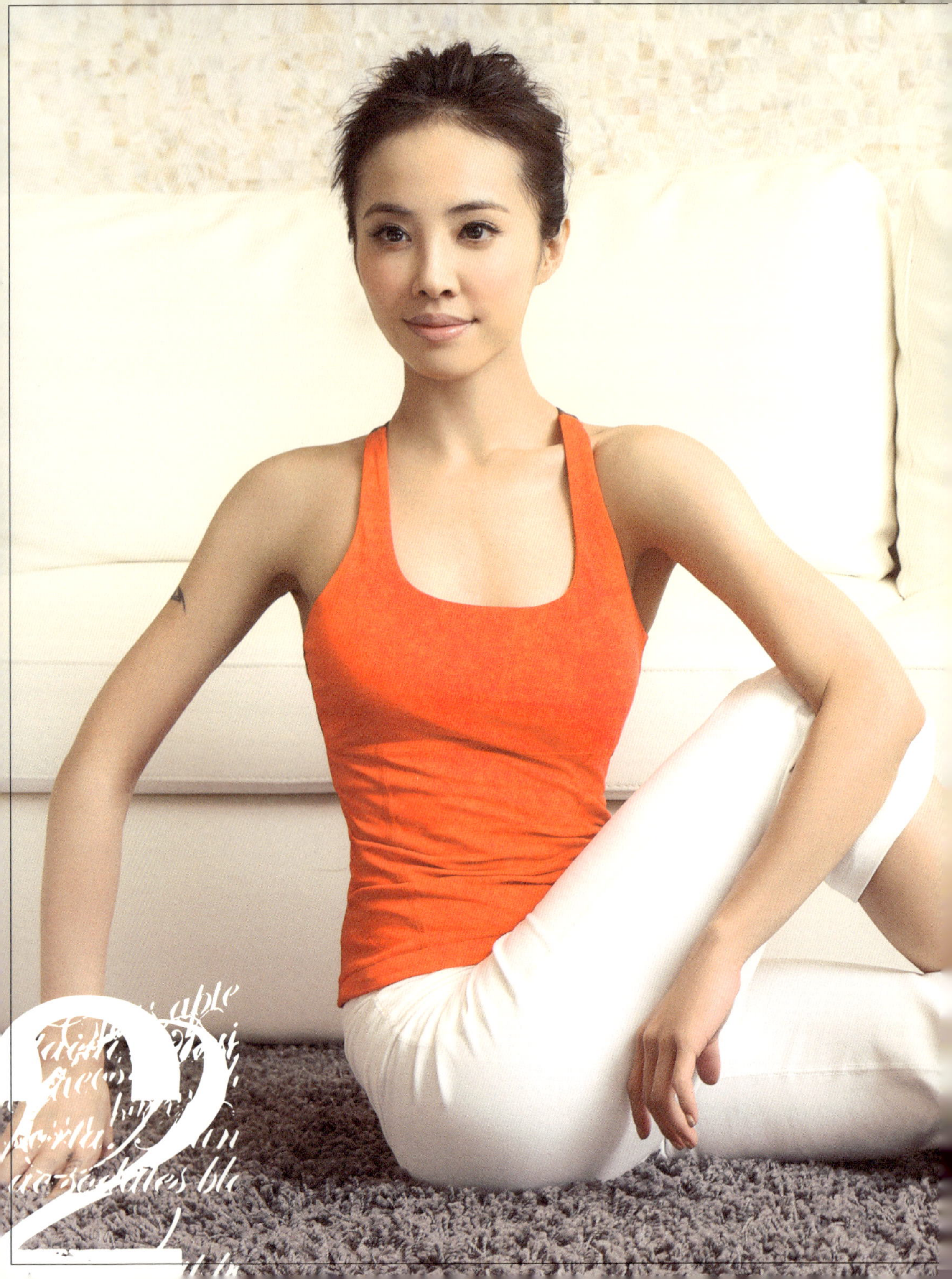
2

网络瘦身流言终结者!
不要误信错误的"Jolin式减肥法"

Part 2

因为网络信息取得容易,我现在偶尔上网依旧会看见那些我曾经试验过的错误减肥方式出现在网络上,甚至是报章杂志的报导里,广为流传。为了端正视听,以下就是我尝试过的减肥方法。注意:它们对我来说只有一个共同点,就是——"全部都没效"!我将它们逮出来,并且告诉大家为什么没有效。

错错错！这些方法统统瘦不了！

胶带缠手指

初中的我身形属于"肉肉"那种，不太结实，听同学说手指缠胶带会瘦，因此就跟着绑，上课、念书都绑着，却一点也不见效果。后来听说胶带是用来"提醒"的，也就是一看见它，就会警觉到自己正在节食，会吃得少一点，但对我来说根本没用，因为少吃，但吃错东西一样会胖！现在回想起来觉得当时自己好像满笨的，绑得很认真，根本不疑有他。

每天只吃一餐或不吃

"既然食物会产生热量,那只要我什么都不吃,总可以瘦下来了吧?"错错错!这不但错,而且后果会很严重!

除非你是只吃汽油的机器人,否则这种光计算热量进出的方式是行不通的。我们的身体有防御机制,当你长时间不吃的时候,它燃烧热量的速度也会减缓,并且向你提出抗议。以我自己来说,如果不吃或只吃一餐,就很容易胃痛、胀气、睡不好、中气虚弱,到后来是生理期大乱、长痘痘,心脏运作也不正常。

这样的方式的确会使人变瘦,但可怕的是,一旦开始吃,体重很快就会升回去,而且会比本来还要重!心理上的挫折感也会更大。除非你永远都别吃东西,但那也活不了了啊!别闹了!

只吃苹果等单一食物减肥法

这就是曾经流行过一阵子的"苹果减肥法"。一餐吃1～2个，饿的时候就吃，口感酸酸的还不赖。不过几天之后开始觉得有点反胃，就买了**蒟蒻**片来当零食嚼。我总共只实行了3天，因为连续吃一种自己没那么喜欢的食物，心情好不起来，当然也难以持续。

这种"只吃单一食物"的减肥法我还试过只吃苏打饼干、生菜色拉或是肉之类的，它们的原理多半是摄取比平常更低的热量，让身体去燃烧脂肪。效果可能很快，短短几天就好像瘦了不少，但除了有口感单调、心理上无法满足，因此很难持续的缺点，还会造成营养失衡的问题。一旦停下来不吃它，复胖的速度比瘦下来要快，也是万万使不得的方式啊！

吃代餐包和零食代替正餐

市面上开发了很多种代餐包，有的是做成奶昔之类的饮料或者汤品，有的则是调理包。一般是每餐吃一包，因为热量经过事先计算，只要乖乖照着吃，就可以控制摄取的热量，达到瘦下来的目的。

不过，代餐包其实都不会太好吃、容易吃腻，自己又会嘴馋，想要吃点零食；后来为了要吃零食，甚至刻意不吃主食而只吃零食，可以猜想得到这样根本就瘦不下来。这也是一个无法持之以恒的错误示范。

各种塑身道具

我买过很多标榜能够塑身的小道具,像是标榜可以瘦大腿的滚轮、低周波机器,也穿过调整型束腹。

这些小道具多半是借由按摩或拍打身体的特定部位,来达到促进循环和新陈代谢的效果。如果你的工作是长时间坐着不动,但是你很勤劳又有恒心,天天固定抽出一段时间来按摩或拍打,或许能够达到一定的成果。但因为我对于按摩不太有耐性,加上工作一忙常常就忘了要拿出来做,所以这些小道具往往是买来后没几天就被我摆在一旁。

后来我接触了瑜伽,发现它可以从里到外调整我的姿势和气色与能量,自然而然这些小道具就被束之高阁喽。

埋耳针、针灸减肥

针灸或埋耳针的原理，是借由刺激穴道，疏通人体的经络，令身体消肿利水，据说也可以调整身体代谢糖和脂肪的能力。不过，它最主要的功能还是改善水肿，水分排出之后看起来好像小了一号，脂肪却仍然囤积在体内，并没有因此跟你说"拜拜"。我试了一小段时间，但因为要固定时间到很远的中医院报到，很难持之以恒。

喝减肥茶、山楂茶

山楂常被中医用来促进消化和肠胃蠕动，口感极酸，也适合有心血管疾病或高血脂症状的人食用。

中医师调配的减肥茶也多半会放山楂，再搭配有助利尿、去水的药材。我曾经买过几帖减肥茶和山楂茶，熬好了随身携带当开水喝，但山楂很刮胃，我又经常处在忙碌紧张的高压环境里，情绪的起伏已经让肠胃不舒服了，再喝山楂茶简直就是火上浇油。所以为了我的肠胃健康，很快就停喝了。

喝果醋

果醋减肥的理论是可以促进体内新陈代谢、酸碱中和，不过这指的是"纯果醋"，也就是酿好以后直接取来饮用的醋。

纯果醋口感很酸，市面上卖的果醋为了让人容易入口，多半会添加大量的糖来调整口感，所以如果你把它当开水来喝，就会在不知不觉中摄取了大量的糖分，没消耗掉的热量就转成脂肪储存起来，反而愈喝愈肥！

印象中我只喝了一瓶不到吧，如果你喜欢这种酸中带甜的口感，可以偶尔泡来喝，但千万不要把它当作开水随时来两口喔。

只吃肉、卤味，不吃淀粉

尝试过许多种减肥方法后，我对于食物的热量，敏感和斤斤计较的程度，几乎到了病态的程度。我只愿意吃"自己觉得"可以吃、"无害"的东西，只要自己觉得它热量高，就一口也不肯吃。

那时我觉得只吃去皮鸡胸肉、不吃淀粉就不会变胖，就每一餐都只吃鸡胸肉。后来又自己觉得，既然鸡胸肉可以吃，那把炸鸡的皮去掉，光吃鸡肉代替正餐，应该也没问题吧！过一段时间，又觉得：不能吃淀粉，只要在点卤味的时候避开面、冬粉这些主食，不就OK了吗？所以又有一段时间，我是以卤味代替正餐度日的。

这段时间可以说是我减重"撞墙期"的开始。没有专业人士指导，完全自由心证——也就是我自己觉得什么没问题就吃什么，只要它给我一点点不安全感，我就绝对不碰。

我吃得愈来愈清淡，愿意放进嘴里的食物种类也愈来愈少，少到只剩下某几样。当时的我并不知道，我的胃口和身体已经完全被心理所影响和操控，严重偏食的结果，是无法停止的胃痛，而长期的营养不均衡，不仅让我的减重呈现迟缓甚至停滞，身心也都处于疲弱不振、忧郁却同时也很烦躁的状态。

BUSTED!

Jolin 悄悄话

那时候的我并不知道，要如何在营养均衡的情况下减肥瘦身，所以常做出一些伤害自己却不自知的行为，现在想起来都觉得很后悔呢。

无油、过水减肥法

这应该是我所有试过的减肥方法中，大家所最熟悉的吧！

"Jolin吃进每一口菜和肉之前一定要过水"、"Jolin一滴油都不吃"、"Jolin只吃水煮清烫的食物"……对呀，这些都是真的，我真的做过这些很极端的方法。

我对外面买来的任何食物都不放心（其实是对任何食物都没有安全感），所以每一餐都请妈妈特别准备，不管跑宣传或者表演，我都尽量只吃妈妈做的便当。便当里只有水煮的青菜，和一点点其他的东西。如果遇到万不得已必须吃外面买的便当，我会请同事帮我准备一杯清水，所有食物（包括炒青菜）在入口前都要在水里过一遍，去掉表面的油，才能安心放进嘴里。我吃得真的很少，严格规定自己一点点油和淀粉都不能碰。同事买来的食物里不小心夹带了我的"地雷"，我若一时不察吃了下去，就会哭出来。

偏激、要求完美，搞得自己和身边的人都压力很大、精神紧张，我自己也并没有因此而达成目标或者觉得开心。而吃了大量的青菜却一点油都没有，肠子蠕动困难，就不容易上厕所。厉行无油和过水减肥法，不能说没有瘦身的效果，但油脂是维持人体机能正常运作的重要功臣，没有了它，肌肤会暗沉无光、不会发亮，就算瘦也瘦得不美、不健康。

Jolin 悄悄话

不吃油是绝对不行的！重点是要摄取"足够"和"优质"的油。想起那时对自己身体的严厉和极端瘦身方法，简直是一场人生噩梦！

吃减肥药

我唯一吃过的减肥药,是一种有"排油"作用的减肥药。

刚出道的时候,因为很多同事都在吃,自己也就跟着来一颗。它是核准上市的处方药,原理是将身体无法吸收的多余油脂排出,进而达到减重功效。吃了之后真的会上厕所排油,感觉满诡异的,而且无法控制你何时会要进行"排油"的动作,让常常在外工作的我觉得很尴尬!

最尴尬的是,有一次我们一群人要外出工作的时候,在机场last call时大家都匆忙赶上飞机,没想到就在此时,其中一个吃了排油减肥药的同事,她在无法控制的情况下,不小心把油排了出来……惨的是,她穿白色裤子!且因为是机场的last call,所以也没时间先去厕所盥洗,一切只能等上了飞机再处理……

part 2 网络瘦身流言终结者!

看到那次的惨烈状况，吓得我不敢再尝试了！

BUSTED!

Jolin 悄悄话

如果你可以接受在无法控制的情况下自动"排油"的尴尬状况，那么你再考虑这个方法吧！不过谁会想把自己放在这种窘到爆的状况里呢？

五大正确瘦身原则，缺一不可！

大家发现了吗？我试过的方法有这么多种，我又是一个把塑身视为终身职志、自我要求很高的完美主义者，"偷懒"这两个字可以说完全不可能发生在我的身上，那么，当中为什么没有任何一种，可以被我"爱不释手"地一直持续使用，反而是在中途就必须中止或放弃？

最明显的答案就是"没有效"！

告诉各位"没有效"的减肥方式，就是希望你们不要再重蹈覆辙，不要跟着我绕了一大圈才找到真正可以瘦身又美丽的方法！当然咯，这本书最重要的就是要跟各位分享"有效"的减肥方式，简单来说，要选择适合的瘦身方法，只要掌握以下五大基本瘦身原则就不会"误入歧途"：

一、天上不会掉下来让你变瘦的礼物

像缠手指、绑蝴蝶结,甚至什么指甲彩绘,你等于什么努力也没做,怎么可能会瘦呢?所以面对这些荒谬的方法,根本理都不该理,跳过它才是聪明而合理的选择。

二、请唾弃不符合健康准则的方式

不吃东西、吃苹果餐、只吃肉、喝减肥茶，都是短时间可能见效，但一停下来就会像溜溜球一样"咻——"回到原状，而且甚至会比原来还胖，往往使人加倍沮丧。并且不论你是多么纸片的瘦子，如果不健康，就等于放弃美丽，符合健康准则的方式，才有实行的意义！

从小老师就在倡导的"营养均衡"，长大之后我们反而忘光了！其实营养均衡才是变美丽的关键，我们不能忘了这个健康准则，因为一旦抛弃了这个概念，我相信就算再瘦都不会是漂亮的！但是，姐妹们，谁瘦身不是为了变美丽呢？

三、不能持之以恒等于白搭

其次是"无法持之以恒"的问题。如果你采取的减重方式，是要你付出很大的努力，去过一个和你原本很不一样的生活和饮食形态，你一定会常觉得"为什么要这么辛苦"，而不断产生"干脆放弃算了吧"的念头，那么，你的减重计划到最后就是白搭。减肥就是要用一个自己乐于接受且可以长久实行的方式，这样才有机会得到一辈子的瘦身美丽。

Jolin 悄悄话

减肥是女人一生的职志！尤其你跟我一样是易胖体质的话。所以，我们一定要找到一个每天都乐于执行的减肥方法，这样才能长久持续地保持窈窕！

四、造成生活不便就别为难自己

"不方便",也就是没有办法唾手可得,或者时时刻刻带在身边,很容易就会忘了要做。"简单、便利"对忙碌却又想减重的现代人来说尤其重要,不用刻意提醒,自己就能按部就班地做下去,日子一天天地过去,不知不觉已经达到自己想要的目标。如果实行一个对自己来说相当"不方便"的减肥法,那么不仅常会忘了做,甚至到最后会懒得做,那就是给自己找碴啊!

像我前面提到的,我之前试过的"排油减肥药",让我觉得超囧的,也严重影响到我的演出工作,这造成我生活上的极大不便,所以我试过一次之后就再也不想有第二次的经验了呀!

五、听取专业不要耳朵硬

就像我之前那样,什么都"自以为是"地觉得这个会肥、那个不能吃,却一点医学根据也没有,而且耳朵硬得要命,明明"营养均衡"、"不要挑食"是自小健康教育就学过的基本道理我也抛诸脑后,试过一大堆错误方法之后,还多花了更多时间在调养身体健康上,完全得不偿失(唉!真希望你听得进去,耳朵放软一点)。专业必定有存在的道理,也不要自以为只有自己了解你的身体就恣意妄为,这样很容易害自己赔上健康喔!

"Jolin流"养瘦内功心法！

综合以上的法则，你也可以试着回想一下：所尝试过的减重方法，是不是就是因为"效果短暂"、"不容易持之以恒"和"不方便"，才让你放弃的呢？那么，有没有既方便、效果又持久的方法，可以让你拥有理想的体型呢？

答案当然是有啦！但是先别急，在Jolin老师倾囊相授之前，要先提出一些"Jolin流"的养瘦内功心法——也就是最基本必须掌握的原则，让你知道。我常说自己是"里长伯个性"，凡是朋友有需要，自己所知道的知识一定会巨细靡遗地分享，甚至三更半夜打电话帮他问到。以下这些心法，也是我经常对朋友耳提面命的，能不能成功踏出变美的第一步，就要看你有没有把它们放在心上啦！

一、爱自己，不要和自己的身体为敌

因为自己有过惨烈的经验，所以特别心疼你们用不择手段地采取激烈的方式，摧残着自己的身体。

想要让自己更美，唯有把身体当作最佳盟友，和身体一起"养瘦"，努力才能达到。如果你不爱惜它、把它当敌人，一直吃进对它不好的食物，或者让它常常饿得半死不活、只剩半条命，它不会有力气和好心情来和你携手合作、迈向变美的康庄大道的，不但如此，它还会用各种疼痛来向你抗议，让你吃不下、睡不好！

尤其是年轻的你，往往不会意识到摧残身体会造成未来多大的影响。但Jolin要以过来人的身份劝告你，好好爱自己、善待你的身体，它自然也会好好回报你，让你容光焕发，并且快速达到理想的目标。

二、"养瘦"是终身大事、不是百米赛跑

你希望自己五年、十年，甚至二十年、三十年之后，都能一直美得令人屏息、令人羡慕吗？面对这问题，应该没有任何一个人会摇头说不吧？

既然如此，我们就要学会告诉自己：要采用一种能够持续看得见效果、又能持之以恒，可以每分每秒、每月每年一直做下去的方法，让自己保持在最佳状态，甚至愈来愈健康，愈来愈美。

很多时候我们之所以会对减肥产品或方法趋之若鹜，是因为它们强调速效，宣称只要短短几天或几周，就能看到惊人的成果。我们急着要让自己的身形变成理想的样子，所以急忙冲动地去尝试。结果发现，你可能真的在短时间里瘦了一点，但很快就又回到原点。减肥广告不会告诉你这些，也不用为你沮丧、失望的情绪负责。

请今天就开始和Jolin一起，把"养瘦"当作一件可以终身努力和自我实现的大事。拥有健康的瘦身方式，最后得到的不仅仅是拥有完美身形，更重要的是你还得到健康的身体、红润的气色、窈窕的体态。就像参加一场轻松愉快的长跑，没有非跑多少公里不可的压力，而是在沿途不断感到自己变得更健康和更好，然后快快乐乐地继续跑下去。把这套知识学起来，完全融合进你的生活形态，你就可以自然而然、没有负担地一直美到天荒地老。

三、做个美人一定要气色红润、元气足

以前别人看到我,第一个形容词多半是"你好瘦!"但是现在他们会说:"你好漂亮!"差别在哪里?我的气色变得红润、元气充足,没有从前用错瘦身方法时那种暗沉、虚弱,一张脸总是写着"心情不好,别惹我"的表情。

我很清楚自己身体的改变,在使用了对的方法来调理身体之后,疼痛消失了,原本郁郁的心情也跟着开朗起来,加上我能够用比从前更健康、更有元气的身体,全心投入来面对工作上接二连三的挑战,完成时的成就感让我充满喜悦和自信,整个人也散发出光芒。这样身心的良性循环,确实是重新找回健康的身体之后,才开始发生的。

当你身体状况很差,碰到不顺的事情时,比较容易过度反应;可是当身体状况很好的时候,对事情的宽容和包容度都较大。如果

你的体态很轻盈，做事情充满活力，就算别人对你不好，你也会觉得世界这么美丽，不会放在心上。把身体调养好，自然就会得到美丽这个意外的礼物。所以记得，瘦并不一定代表美，唯有健康的人，才可能从里到外都美丽！

四、抛开卡路里、丢掉体重计

真的吗？不看食物的卡路里，把体重计丢到一边，也能瘦得下来？很多人在减重期间，一天要量好几次体重，只要数字稍有上升，或者距离他预期的目标有所落差，就会一整天心情沉重，开心不起来。

其实，体重在不同的时间、不同的身体状况下量，本来就会有误差，光是上厕所前后，就可以差0.2公斤之多，女生在生理期间，体重也会比平常重一点，那么你的心情整天跟着这不精确的数字七上八下，会不会太傻气了？

过去的我就是个极端的例子，把体重数字当作唯一的参考标准，还订下目标逼自己达成。结果搞得自己神经紧绷、压力超大。体重也许可以用来作为一种判断或者自我提醒的方式，但不要完全被体重牵着鼻子走，反而带给自己不必要的压力和负担。

卡路里的道理也是一样。它可以作为摄取热量的参考，但仍会因为食材的精致度、烹调方式、营养素的组成结构，而造成人体吸收的差异。如果把它当作唯一的参考依据，每一餐都拿出计算器加加减减，最后仍可能吃下了对身体无益、也容易囤积脂肪的食物，白花心力，也白忙一场。

Jolin 悄悄话

其实不管是体重数字、卡路里，都不能代表你的瘦身美丽指数！因为这些都只是一个参考的数值标准，真正的美丽应该是由里而外散发出来，才能充满魅力喔！

五、不要因为"吃"而影响情绪

减重中的人,会因为体重计上的数字多出了那一丁点而沮丧,也会因为不小心多吃了半碗饭、一块炸鸡或披萨而觉得愧疚或罪恶。认为都是因为自己的意志不够坚定、缺乏自制能力,才会误入"万恶的深渊"。

而我们大多数的人,常常会遇到用大吃大喝来庆祝和犒赏自己的场合,举凡迎新、送旧、尾牙、春酒、圣诞、跨年、庆生……大小不断的party,总必须要有美味的食物和美酒陪伴才像样。我自己也常要出席演唱会或专辑的庆功宴,大伙开怀吃吃喝喝,仿佛憋了好一阵子的压力,在那一刻才终于解除。

事实上,即使是为了减重而节食,多吃了一点不在意料之中的食物,世界末日也并不会就真的到来。"罗马不是一天造成的",同样的,你的身材不会一夕之间就胖到你认不出来的程度,当然,也不会因为你少吃了很多东西，隔天醒来就突然变成了纸片人。瘦身是一个缓慢而连续的过程，当你知道这一餐不小心放纵了胃口一些，下一餐就跟着做些调整，天不会就这样塌下来。

如果你把注意力放在自责或者罪恶的情绪里，不断怀疑、否定自己，久而久之它就成为你的压力和负担，情绪也会每天循环，摆脱不掉。相反的，偶尔用一顿大餐犒赏自己，在吃吃喝喝间拉近朋友同事的距离，当然是可以的；但如果总是想着达到某个瘦身目标，就要大吃一顿，或是用超量的食物、狂吃来犒赏自己，距离理想的身形目标也就愈来愈远。有些人习惯用食物来填补自己空虚或受伤的心灵（电影里常看到失恋后抱着大桶冰淇淋猛嗑的女子），其实对身心一点好处也没有，问题在大吃之后也根本不会迎刃而解。

世上没有不节制食欲也能成功的减重方法。特别在食物供应充足的现代环境，我们从小就被养大了胃口却不自觉，总是吃进了比身体所需更多的养分，因而造成营养过剩、体型超载的现象。

　　学着慢慢调整食量、放慢速度细细咀嚼，吃到感觉你的胃已经七八分饱，就可以停下筷子，不要等已经有撑的感觉，那时早已吃得过头。每当我脑里生出忍不住嘴馋的念头时（这种情况很少见，通常是甜点或巧克力在引诱我啦），我会找朋友聊天、做其他的事情来转移注意力。这样久而久之，你的食量和胃容量自然会调整得比从前小，不用刻意精算，也能吃得比从前少了。

六、寻求专业咨询

我非常感谢在我瘦身有成、并且重拾健康的路上，有那么多专业且耐心的营养师，给予我相当多的建议和协助。

在我采取最激烈减重方法的时候，因为遇上他们，纠正了我许多错误的减重观念，也大方地跟我分享许多营养学的专业知识。Jolin在这本书里，用自己的例子传达了一些基础的瘦身和养生观念，但每个人的生活环境和体质都不相同，专业的老师可以根据个人不同的状况，量身打造出最适合你日常可行的方法。

准备好跟Jolin一起变美了吗？从下一章开始，我将会告诉你认识食物的基本方法，让你训练出一双"火眼金睛"，迅速判断哪些食物含有你每天需要的营养素，不但能有效燃烧脂肪，同时还能活力十足！

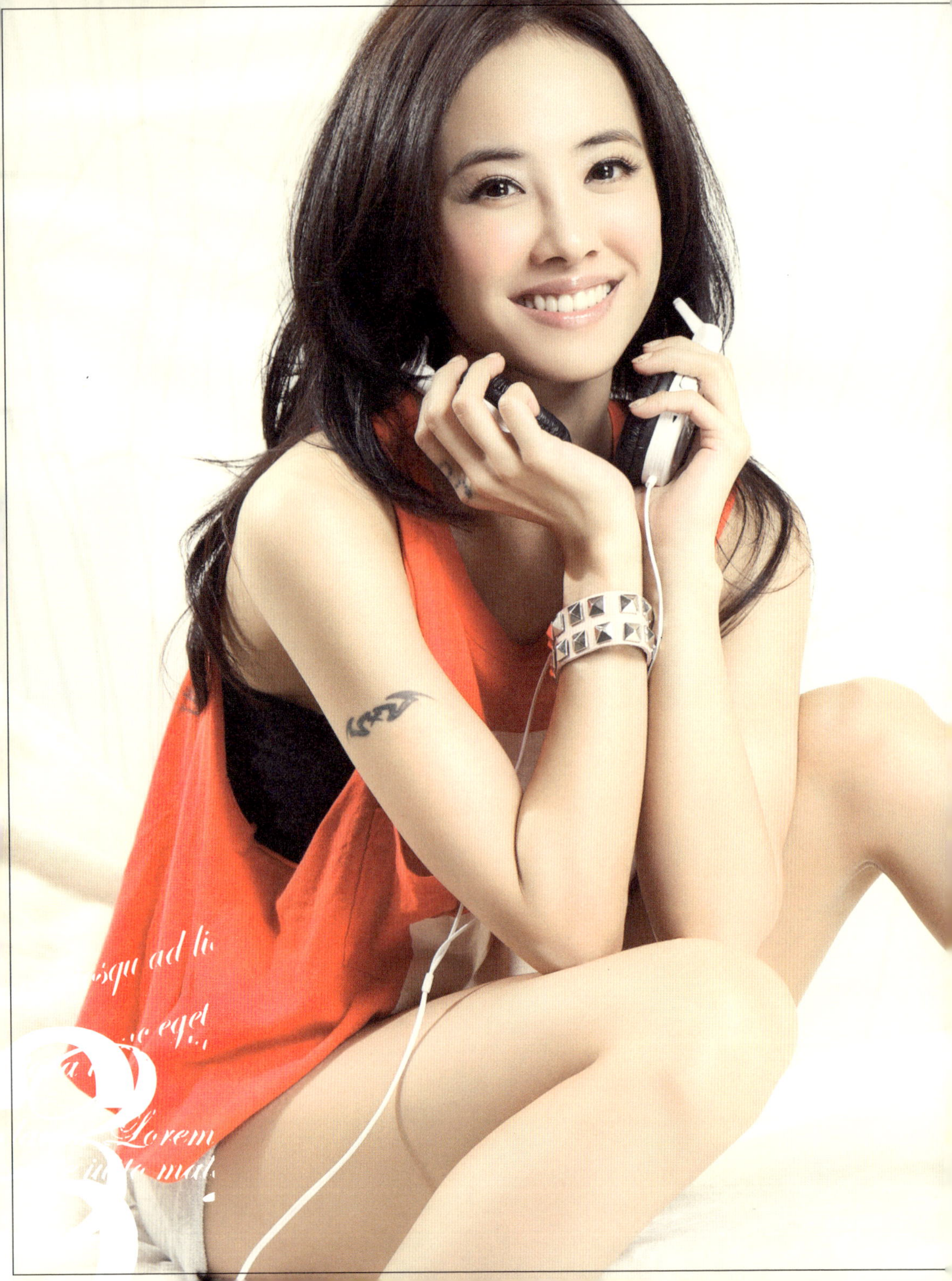
Lorem

Part 3

吃，是减肥的开始
你也可以装一台"食物扫描机"在身上

我之所以能够正常吃，却不再担心变胖，是因为我在脑袋里装了一台食物扫描机，每当眼前出现食物的时候，就会迅速启动，好好扫描出哪些是可以吃的。靠这套已经深植脑中的扫描程序，我拥有了健康的瘦身生活和身材，也因此越来越有自信！

"吃得对、吃得够"是基础大原则

其实我跟许多上班族一样，外食的机会非常多，我的工作常常在不同的地点，练舞、拍广告、拍MV、巡回演唱等等，但因为熟记而仿佛在脑子里装了一台"食物扫描机"，到了要吃东西的时候，用眼睛巡一轮，我就可以选择出自己可以吃的食物，并且清楚自己该吃多少；甚至吃了之后就能判断出下一餐需不需要做什么微调。就算是便利商店卖的饮料、零食，也能快速运算出结果。

有朋友开玩笑说我是"仙女"，可以成功抗拒住美食的诱惑，殊不知我现在既吃淀粉、喝饮料，甚至还吃甜点哟。这真的很无奈，一般人对我的印象跟事实总是有落差，我甚至每天都手拿一杯泡沫乌龙茶加米苔目当零食和饮料，个中的原因就是我彻底了解身体需要的食物以及该怎么掌控分量。

"吃得对、吃得够"是我现在的原则，和过去的"无油减肥法"相比，差别在于我知道怎么选择食物，让自己吃了之后变得更好。

我才不是什么都不用吃喝的仙女，我的工作大家都知道，常常需要消耗很多体力，就像正在念书或者上班族的你一样，我得维持身体机能，这可都是靠着每一口吃进肚子里的食物来帮忙。如果你吃对了食物，摄取到充足的营养，身体就会乖乖听话，发挥它最大的效能；相反的，如果你不了解它的需要，从来不好好地照顾、供给它对的营养，它也一定会跳起来向你抗议。

听身体说的话，别听脑子说的话

我们每个人其实都有"吃对食物、让自己变更好"的本能，但我们现在身处的环境，很少有人会匮乏于吃这件事情，事实上是吃的选择太过琳琅满目，以前就算只是站在便利商店的零食架前，我都会感到无所适从，根本不知道该从何选择。所以培养出正确的认识食物知识，就等于在自己的脑中装了一台"食物扫描机"，那么你就能够轻松地吃得开心、吃得健康。哈哈，我知道你最关心的是"瘦"，当然吃得健康，自然就胖不了啦！

现代人生活步调快、不管是学业或者工作上的压力都很大，这时候"吃"就变成最快速、最便利的减压方法，就像我曾经因为长期减肥，后来觉得实在太压抑而暴饮暴食。那种感觉就好像把肠胃全都塞满、塞爆，本来觉得不开心的事就可以稍微释怀，所以大部分人有的感受，其实我都能体会，只是在这些生活中的种种客观因素之下，我们毫无警觉地吃进了过量的食物，隐藏在美味之下，多油、重盐的烹调方式，让我们不知不觉习惯了重口味，因而吃下许多身体不需要的油分。

教大家一个简单的自我检查方式：如果你睡不好又总是很累醒不过来，脸上冒痘痘、腰酸背痛，身上不该堆肉的地方（像是肚子）偏偏长了好几层，赶都赶不走、消也消不掉。这些显现出来的症状，就代表身体在对你控诉："你实在太乱吃了！我受不了啦！"

如果你只用脑子想："我想吃一客炸鸡，吃完我才会开心！"而不是听身体说："我火气太大啦！我都让你脸上长满痘痘、口干舌燥，你不要再吃油炸的东西啦！"那后果不用我说吧？不要以为你是你身体的主人，其实身体才是我们的主人，你要学会听它的，才能真正和它和平共处。

拥有正确减肥知识才能达到瘦身效果

我之前提过那段歇斯底里无油减肥的经历，健康明明亮起大红灯，但我依然任性妄为，完全没有意识到问题的严重性，直到吃完东西开始不自觉地吐出来，才隐隐感到厌食症是何其可怕。说起来真得感谢我当时的唱片公司宣传，他看我状况实在很糟糕，因此半哄半劝、带我去了专业的营养减重中心，在接触了正确的知识之后，我才知道自己错得有多离谱。

一开始去营养减重中心的时候，对于他们用各种仪器测量出我的身高体重、体脂率等项目觉得很不安，毕竟我对自己的身材不满意，怎么会喜欢有人用这些好像很精密的仪器来测量我的身体呢？但是好奇心也驱使我很想知道这样测出来的结果会是什么。

测量完之后，他们从最基本的认识营养素和减重观念开始指导我，然后依照我预定的减重目标，开给我每餐、每天该吃多少分量的日程表。对于我的身材,他们一点也不多谈,只一再强调所有的数字其实都在正常范围以内,我的体脂率甚至有些偏低。

他们到底是怎么教我变瘦的呢?嘿嘿!现在让我来告诉你吧!

算分量比算卡路里简单得多

他们教给我的分量计算法，完全不像卡路里计算题那样复杂，而是一看到眼前的食物，就知道用几"份"来计算，我试着照营养师建议我的分量吃，每天都会吃肉、饭、蔬菜，甚至甜点，出乎我意料的，体重竟然没有增加，反而真如营养师说的少了一点！因为我开始摄取营养和食物，感觉自己比较有元气，连情绪也比之前稳定。

我知道很多美眉对于数字的概念比较薄弱，特别是还要记各个食物的卡路里数字，每次吃东西前都搞得自己很劳心费神，最后还发现根本就记错了！（囧）所以，"算分量"这方法很适合对数字没啥概念的美眉喔！

记录"吃东西日志",这是减肥的大帮手

有了好的结果,我等于受到莫大的鼓励,因此开始跟营养师好好配合,照她的规定写下饮食记录,一周五天我几乎有四天下了课就准时去中心报到。在外面跑通告、跑宣传需要外食的时候,也会打给营养师请她教我如何选择。渐渐地,我找回了对食物的信心,知道有问题的并不是所有的食物,而是自己不知道如何选择并且怎样和自己的生活形态取得平衡。

虽然我还是会求好心切(当时我的体重介于38到45公斤之间,我给自己订的目标是再瘦5公斤),自己把营养师建议我的标准再拉高,偶尔在看到数字不如预期的时候仍会忍不住感到沮丧,但从什么都不敢吃到敢于吃该吃的、从催吐到不催吐、从没有安全感到有安全感,我知道自己跨出了正确的一大步。即使我后来因为搬得比较远,工作也比以前更忙碌、时间上无法配合而离开了那家体重

管理中心，但这一套关于营养的观念和知识，仍旧被我牢牢记得，终身都受用。

记住喔！写这个"吃东西日志"一定要诚实，不要想自欺欺人，这样永远都瘦不下来。一定要诚实面对自己每天吃下肚子的东西，然后一一检视是否过量或是过油之类的，不要这边少写一项、那边少写一点，这样会让你的减肥计划大破功！

part 3 吃，是减肥的开始

养成"记录自己每天吃了些什么"的习惯，检视自己在不知不觉中是不是吃了过量的食物，或者是吃了不该吃的致胖食物。这种自我检测法，是很有效的减肥功臣！

我实行多年的"养瘦私笔记"

接下来，Jolin在这里要开始给大家上减重进阶课程喽，记住，你一定做得到，只要多一点点耐心，知道究竟这么做是为了什么，就会比较甘愿去努力。

其实市面上我们看到、听到的减重方法，都围绕着"消耗热量"、"降低吸收力"两种原理来达成效果。要增加消耗，第一个联想到的就是"运动"喽。想减重的人多会被鼓励要多做运动，跑步、踩脚踏车、上健身房等等。如果不爱运动，可以采用"被动"的方式来动，例如请人按摩或推脂。

至于被用来"降低吸收力"的减重方法，那就更多了。像是吃大量纤维、泻药（如减肥茶）等等，来促进排便、减少吸收；排油减肥药，就是把部分油脂排出体外，不被吸收。

不过呢，减重不只是加减算术题，不管是消耗或者吸收，都要靠身体好好合作。当你全身上下的每一个器官、组织，甚至每个细胞都处在最旺盛、最健康的状态，它们就会发挥真正的实力，在努力工作的同时，帮你消耗掉最多的热量。

看到这里，或许你已经发现，减重的重点在吃对、吃够营养的食物，才能提供身体的活性代谢组织所需的营养与能源。以下就是我实行多年，帮大家记录下来的"养瘦"私密笔记，还帮各位整理好重点了，请你们也一起拿起笔记乖乖写下来吧！（这下你们相信我有多用心良苦了吧！）

一、好消息，就算光睡觉也会消耗热量哟！

我日思夜想要消耗热量，因为消耗热量才会变瘦。消耗热量的管道，也有三种："基础代谢"、"生理活动"以及"摄食产热效应"。

其中最厉害的是"基础代谢"，可以消耗掉的热量最多，大约占70%。哗！当初我听到这些知识的时候超惊讶的，原来我浪费那么多力气在微不足道的地方，真是激动到要落泪的程度。因为基础代谢其实就是我们身体自己的运作，譬如说：呼吸、心跳、内脏活动等，这些身体自己需要做的事情所燃烧的基本热量，是由肌肉组织和内脏器官（如肝、肾、心、肠胃等）所负责。就算你整天都在睡懒觉，躺着一动也不动，其实你的身体仍然在不停地工作，燃烧能量来维持你的生命。

基础代谢会随着年龄、性别等因素而有所差异和变化，一般来说，男性的基础代谢率比女性高（真不公平，怒）；当然年轻人的基础代谢也比老年人好。

看起来很专业的"生理活动"这个名词，指的就是日常的活动（例如走路、爬楼梯、做家事）以及运动（如跑步或游泳）。和"基础代谢"相比，"生理活动"约消耗掉我们20%的热量。如果你长时间在做家事或走路，每分钟消耗的热量看似不多，但因为持续时间长，累积甚至比跑步、游泳、上健身房还要多。

Jolin 悄悄话

活动或者运动帮我们所耗的热量，并没有想象中那么厉害，除非你跟我一样，就连工作都会消耗大量体能，不然只依赖"运动"是很难瘦下来的！

好比骑脚踏车，每个小时可以消耗的热量大概是你的体重（公斤数）×3所得到的数字大卡，所以50公斤重的人，骑一小时脚踏车，可以消耗掉150大卡。看起来好像有点成果，但事实上，你只要吃一碗白饭（约280大卡）就等于白骑了！

除非你的工作和我一样，有机会持续而密集地使用大量体能（例如演唱会前的练舞特训），累积下来才会消耗得多。不然实际上运动的"减肥"效益其实并不如想象中大。

可消耗我们10%的热量的"摄食产热效应"，是指我们吃下食物后，在消化和吸收过程中所消耗掉的热量。如果我们吃的是比较粗糙的食物，也就是没有经过太多的烹调手续或加工，比较接近"原貌"的食物（例如糙米），因为它们的分子较大，身体需要用比较多的力气才能消化吸收它，消耗的热量也就比较多。如果你总是在吃精致的食物，像是蛋糕、零食点心，因为它们的分子小，身体不用太花力气，就可以轻松把它们转换成热量，用不完的热量，就会转成脂肪，点点滴滴储存起来！

(表1)

消耗热量的三大方式与效能表

分类	效能	方式
基础代谢	60~70%	身体自己的运作，ex：呼吸、心跳、内脏活动。
生理活动	15~30%	日常的活动，ex：走路、爬楼梯、做家事。
摄食产热效应	10~20%	消化和吸收食物过程中所消耗掉的热能，吃粗糙未加工的食物比吃精致食物所消耗的热量来得多！

信息来源　乔登健康管理中心

二、吃对食物就变瘦！也太简单了吧！

既然基础代谢会消耗掉70%也就是最大部分的热量，如果基础代谢的效率愈高，可以说你的身体就处在比较好的状态，热量会燃烧得更多更完整。只要不吃过量的食物，你就可以维持体重而不变胖。

我有很多减肥的朋友，刚开始减肥的时候总是充满信心，碰到我就说："我瘦了三公斤了！"但没过多久再碰到，她们变成皱着眉头问："我明明就少吃很多了，一开始体重确实下降了一点，但为什么很快又回复到本来的数字，甚至更重？愈减愈重的感觉，真的让我很受挫折！"这种靠"少吃"减重而失败的原因，都出在代谢率的下降。

其实身体是会"记仇"的，却又纤细而敏感的；它天生就有把用不完的热量转换成脂肪储存起来的能力，当它开始意识到你吃得变少，很明显低于你之前的食量而饿到它，它会以为你面临食物匮乏的处境，就会启动防御机制把代谢率拉低，不让你把先前存起来的脂肪夺走。这个时候你的减肥等于遇见大瓶颈，效果就不会像刚开始那样明显。

偏偏大多数的人（也包括以前的我），这个时候就会选择变本加厉地吃得更少，但身体就会选择防御得更强，代谢率也会再往下降；你的吸收力会变好，就像拍皮球一样，你越用力饿它，它就反弹得越大；饿太久的身体只要喂进东西，它就会把热量赶快转换成脂肪，牢牢储存起来。

有许多人像我一样，是用超强的意志力在支撑着减重，不过，如果代谢率下降或是

记住！身体是会记仇的，如果你老是不给它足够的营养，一旦有一天吃进东西，身体就会抓紧机会，把吃进的东西都转化成脂肪，牢牢地存在身体里！

没有提高，减重停滞甚至复胖的机会就会很大。这样的结果就是：瘦了一些、又胖回去，体重来来回回形成一种拉锯战，毫无突破的迹象。如果再加上像过去的我一样在意体重计上的数字，而且每天照三餐量，心情跟着数字七上八下、起起伏伏，不自觉被压力紧紧绑住，迟早要面临崩溃的危险。

吃进足够的营养，搭配健康的生活形态，就等于告诉你的身体："你现在正处在巅峰状态，拿出最好的效率，好好工作和燃烧吧！"

那么，我们所吃的食物够营养、够健康吗？要怎么选择对你身体最好的食物呢？

三、"肉+菜+淀粉" = 超有用减肥餐

提高基础代谢率的方法好简单，就是吃足够的营养。NO！NO！NO！你不要以为我这样说你就大吃大喝。要怎么吃、怎么搭配，还是要好好弄清楚，这才是重点所在啊！

我说：三餐都要有肉、有菜、有淀粉。意思是，如果每一餐你都能吃到这三样，身体所需要的营养就几乎都掌握了，但是分量还是得好好斟酌。

我们可以把食物区分成五大类，分别是主食、肉类、水果、蔬菜和油脂。它们就像是燃料一样，供应身体运作各种不同机能所需的养分，缺一不可。如果你只吃其中某一两类，或者有哪几类绝对不吃，长期下来体内无法平衡，就会对身体造成负担。

第一大类：主食会让你变聪明

★瘦得健康又头好壮壮

饭、面、冬粉、米粉、吐司、馒头、地瓜、芋头、玉米、红豆、薏仁、粉圆……这些常见的食材，都算在主食类里。它们主要由淀粉（糖类）构成，糖类对人体的功能就像是燃料一般燃烧，提供给身体所需要的能量，预防肌肉组织分解，还有一点很重要，它能提高记忆与学习能力。所以我觉得呀，不吃糖类肯定会变笨。

它是减重时的必要元素，可以避免减到基本组织，预防代谢率的下降，代谢率、代谢率！你还记得前面说过它超重要，它效能高，你自己就能燃烧很多热量吧！很多人采用"无淀粉（或吃肉）减肥法"，是以为身体会先燃烧糖类产生能量，等糖类燃烧完了才开始燃烧脂肪，那如果没有糖类，身体就会直接开始燃烧脂肪了。乍听之下好像很有道理，但其实身体要燃烧脂肪，也必须要靠糖类的帮忙，当它没有糖类可以燃烧，就会拿蛋白质来取代。

蛋白质可是用来生长和修补人体的肌肉和组织的，被拿去当"燃料"一样燃烧，也会生出太多含氮的废物，增加肾脏负担，而且你会变得松垮垮、又没有元气，就像干掉的番茄一样丑。所以吃淀粉（糖类）是很重要的。

第二大类：吃肉类肌肉才漂亮

★做个皮肤有弹性的美人

肉类提供身体所需的蛋白质营养素，以及部分的油脂。常见的肉类包括猪、牛、羊、鸡、鸭等家畜家禽，海鲜如鱼、虾、贝类等都属于这一类。此外还有黄豆及其制品（豆浆、豆腐、豆干等）、蛋、奶（奶粉、酸奶等），也是我们摄取蛋白质的主要来源。

蛋白质的重要功能，在于生长和修护人体组织，构成肌肉，调节体液与提升免疫力。身上的所有器官和肌肉，都是由蛋白质构成的，而当你身体里堆积了太多的废物，血液里属于蛋白质中一种的白蛋白，会像船一样将溶在水中的废物抓过来送走。换句话说，如果没有摄取充足的蛋白质，你的肌肉和很多生理机能都没办法维持在最旺盛、最有效率的状态。但是相反的，如果你所摄取的蛋白质分量过多，则会造成肾脏的负担。

第三大类：水果让皮肤水当当

★拥有吹弹可破肌肤的大恩人

接下来是大家都很熟悉的水果类。这也是容易取得的食物，它主要包含的营养素是各种维生素、膳食纤维，以及部分矿物质。它们是人体各种生理代谢反应的关键，可以维持生长及组织修护所需；而丰富的维生素也有促进新陈代谢、延缓老化、美化肌肤的功效。吼～～～听到美化肌肤谁还会不好好吃呀？

水果当然要吃当季而且当地盛产的，已经有很多人都有这样的观念。当季的水果不但最新鲜、最甜美、最便宜，所含的营养也是最丰富、最是我们此时所需要的。此外由于我们多半生吃水果，可以摄取到较多的酶，和未经破坏的营养。要特别留意的是，水果最好能够自己切、洗、处理，在白天而尽量不要在晚上吃水果，才可以让酶发挥较好的功效。

第四大类：蔬菜让你有苹果光

★元气美女非它不可

蔬菜含有膳食纤维，以及部分矿物质、维生素，吃蔬菜可以帮助排便、排除废物，并可降低胆固醇、调节血糖。但倘若你吃的蔬菜太多，却又没有足够的油脂来协助肠道的润滑，很有可能就会造成无法排便、也就是便秘的情况。

蔬菜的种类很多，不同的颜色所含的营养素和食物酶不同，像是含茄红素的红色蔬菜抗氧化能力高，也有丰富的维生素C；白色的萝卜也同样富含维生素C喔！所以每餐尽可能吃到各种不同颜色的蔬菜，你摄取到的营养也会更完整。有了这些完整的维生素调养你的身体，你的脸上自然而然就会有神奇的苹果光，再也不需要靠修片或是强光来补强了！哈哈！

第五大类：油脂让人好舒畅

★拒当小腹婆非靠它不可

绝大多数减重的人都"闻油色变"，但油脂却是人体不可或缺的要角。它含有人体无法自行合成的必需脂肪酸，可以保护内脏，也可以帮助脂溶性维生素（如维生素A、D、K）的吸收。如果长期无油饮食，皮肤会变得干燥，脂溶性维生素摄取也会不足，会使肠道缺少润滑、造成便秘的问题。

用凉拌的方式烹调，最能完整保留油的营养素，而经过大火炸、炒的油，产生变质的几率比较高。动物性油脂（如猪油、牛油）比较不易被身体消化和代谢，如果堆积太多在血管里，容易产生心血管的疾病。另外一类常用于糕点的"坏油"，是氢化过的反式脂肪，它是以改变植物油的结构来形成固态，增加酥脆口感、便于保存。然而反式脂肪没有办法被人体代谢，也不是身体需要的"好油"，堆积在身体里，只会增加心血管疾病的风险。

由于各家油厂的制法、配方不同，如果你有较多机会吃妈妈做的菜，或者喜欢自己动手下厨，不妨几家厂牌轮着用，葵花油、橄榄油、亚麻仁油，尽可能摄取不同种类的油，就有较多机会均衡摄取到人体必备的脂肪酸 $\omega-3$、$\omega-6$、$\omega-9$ 等营养素。听不懂这些没关系，反正你只要记住，没有好油脂，就没有好肤质，而且也会变成可怕的小腹婆喔！

四、养瘦生活的每日饮食分量

认识过五大类食物分别负责我们身体的哪些工作后，接下来Jolin就要告诉你"吃多少"，也就是"分量"这个很实际的问题。

很简单，你只要用我们一般最常见的汤匙来计算，一般主食可约略用3平匙来当一份，肉类则可以2平匙来当一份。（可用一般"大同餐具的汤匙"，或餐饮店用的"免洗汤匙"作为衡量单位）

一份主食，约等于1／4碗白饭，也就是说，吃了一碗白饭，就等于吃进了4份主食。白饭可以替代成营养素接近的谷类，例如红豆、绿豆、薏仁、莲子等等。而如果你吃了一碗面、冬粉、米粉或通心粉，则算吃进了3份主食。粥、面线、米苔目、吐司面包都算2份。

用这个来衡量！

肉类最简单的分量判断方式，就是伸出你的手后将食指与中指并拢，这样两指的大小就是约一份。吃火锅的时候，我们常会涮猪、牛、羊肉片，约3片就是一份肉类了（或煮熟用2平匙来当一份）。蛋一个算一份，如果你特别爱吃贡丸之类的加工品，一个也算作一份。

水果因为大多生得一个个的，分量就更容易算了。像橙子、奇异果、加州李这种大小的，一个就算是一份，而番茄、西瓜、木瓜，吃一碗等于一份。甜度较低的莲雾、柠檬、百香果，两个算一份；相反的，像芒果这种含糖量较高的，1/2碗的量就算作一份了。

100克的新鲜蔬菜算一份。煮熟后大约就是1/2到1碗分量。

(表2)

Jolin的简易"分量"查询表

信息来源／乔登健康管理中心

🍋 一份主食

1/4碗	饭、红豆、绿豆、薏仁、莲子、粉圆、芋圆、地瓜圆
1/3碗	面、冬粉、米粉、通心粉、地瓜、芋头、萝卜糕、玉米粒
1/2碗	粥、面线、米苔目
1/4个	馒头
1/2片	吐司
1/2个	汉堡、面包

🥜 一份肉类

2指大小	肉片（猪、牛、羊、鸡、鸭）
2平匙	散状物（肉丝、鱼松、肉松）
1个	蛋、贡丸、小的三角油豆腐
2个	花枝脆丸、草虾（只）、五香豆干（片）
1/3盒	盒装豆腐
1碗	豆花
120ml	全脂鲜奶
150ml	低脂鲜奶
240ml	脱脂鲜奶

🥝 一份水果

2个	莲雾、柠檬、百香果
1个	橙子、奇异果、加州李
1碗	番茄、西瓜、木瓜
1/2碗	芒果
3/4碗	苹果、梨、香瓜、菠萝

🥬 一份蔬菜

100克	新鲜蔬菜（煮熟后约1/2～1碗）

（表3）

Jolin的"日常活动"对照表　　信息来源／乔登健康管理中心

　　每种食物每天要吃多少分量都有固定算法，唯有如此，才能在营养均衡足够的情况下集中火力燃烧脂肪，这当然也和你的日常活动很有关系。Jolin帮大家做了一个大约的参考依据：

16—22岁的女学生	9份主食＋8份肉类（包含奶类）＋3份水果＋3份蔬菜 PS：尚在发育阶段可增加乳制品，故总肉量较多。
16—22岁的男学生	15份主食＋11份肉类＋3份水果＋3份蔬菜 PS：男学生因为运动量较大，可以多吃一些！记得油脂的摄取要减量，更不要故意去点咸酥鸡、快炒之类油分惊人的食物来吃。
上班族女性	7份主食＋6份肉类＋3份水果＋3份蔬菜 PS：因为多半整天坐在办公桌前，运动量比学生时代来得少，加上代谢的速度也通常比较趋缓，吃的要少一些。
上班族男性	12份主食＋8份肉类＋3份水果＋3份蔬菜 PS：当然，也要尽量减少油脂的摄取量。

特别注意哦，如果你是16岁以下，最好不要太刻意或想要急速的减肥。因为你正处于发育的黄金阶段，如果没有吃足够而且均衡的营养，会发育不好，该长大的也没有长大，影响到身材比例和美感。千万不要贸然听信偏方乱减肥，不然以后很可能会后悔莫及喔！

part 3 吃，是减肥的开始

■ 上面写的分量建议，是用一般人的平均状况来估算的。每个人对食物的消化吸收力不同，体质、年纪、代谢率、生活形态也都有所差异，要得到最精确的建议，可以找专业的营养师为你解答。

五、不用装水袋，你自己就可以控制胃的大小

要迅速判断眼前食物的分量，同时大脑里的程式会自行启动，快速算出你"有没有吃过量"，最有效自我训练的方法就是——"用笔记下来"。

用一本方便随身携带的小笔记本，画个简单的表，记下你三餐吃了哪些东西、大约几份，以及它们烹调的方法。每天晚餐过后总结计算一下，就会了解今天是不是吃太多、吃太好，是不是每一种营养都摄取到了。这份记录可以让你完全掌握自己的饮食形态，吃的东西有没有营养、健不健康，也全都无所遁形！

如果当中有一两天，因为有party、应酬或者其他没办法抗拒的理由，而吃下比平常分量多出很多的食物，也不要立刻就觉得慌乱或者沮丧，只要你诚实、详细地把吃进肚子里的食物记下来，自然会有"自我提醒"的效果；那么，下一餐就要少吃点，才可以平衡

回来！

做饮食记录的好处，除了帮助我们好好检视自己吃东西的习惯，为吃进去的食物做第一道把关外，因为开始留意所吃的分量，大大减少了"一不小心吃太多"的情况，不知不觉间，你的胃口已经调整得比以前小，本来每天都被一堆食物撑得大大饱饱的胃，也跟着缩小了。

我们的胃有着惊人的延展性，它会依照你的日常食量来调节大小。如果你每餐都塞给它很多东西，它就会一直长大，让你又可以塞进更多东西；相反的，如果我们让自己习惯吃到七八分饱就好，胃的容积也会跟着减少，饱得快，自然就吃得少呀。

六、Jolin不怕外食的私藏秘诀

计算"分量"、而不是计算卡路里的做法，就把控制食量的工作，变得简单得多。现在就连学生也包括在内，"老外"可真的不少（指三餐老是在外的人），可是在外面吃东西的选择五花八门，如果每吃一样食物就要查它的卡路里有多少，还要拿计算器加加减减看有没有超过热量，说真的如果没有惊人的毅力，大概实行不到三天就会自动放弃。

光算卡路里，很容易会忽略掉你吃进的究竟是什么营养素。比如同样热量的炸鸡和寿司，它们所含的营养素就大不相同。另外，有些食品会标示卡路里，但它也可能是不正确的，或者因为烹调过程中少许的不同，而产生些许落差。

好油、减盐、天然的最好

如果你也是个"老外",留心并且管理好自己吃下去的食物分量,就形同踏出成功的第一步。接下来的关键,就在如何减少油脂的摄取量,并且调整你的口味,吃得更清淡、更天然。

外食族要担心的不是油吃不够,而是油太多、又"吃不到好油"。在便当或者自助餐店,常用大火油炸过的排骨、鸡腿、鱼排作为主菜,在一般餐厅或热炒店,也常见用较多的油快炒或爆炒辛香料,来为食物添加香气的做法。这样的食物当然含油量高,再经过大火高温烹调,原本油里的营养素被破坏,也可能造成油脂的变质。

另外,也常常忽略掉"隐形"的油脂。例如牛奶、蛋、肉类和它们的皮、坚果(花生、核桃……等等)里,本来就含有一定分量的油,如果炒菜时再用很多的油,当然很快就超过每天应摄取的分量。

蒸、烤、卤、白切，胜胜胜！油炸，败败败！

脂肪最可怕的地方在于如果消耗不掉，就会在全身上下到处堆积，皮下、内脏、血管……如果堆积在内脏，会影响的是你的健康；如果堆在皮下，就会让身材变形走样。所以，对于这既需要、又令人担心害怕的养分，你不知道该如何拿捏时，就从食物的烹调方式和配料，来精确地判别它所含的油量，就能掌握不会吃进过量的油分。

就以鸡腿来举例，蒸、烤、卤、白切的，都比炸的含油量低。但炸的方法又分不裹粉清炸及裹粉炸两大类，用的是干粉、湿粉（调水、蛋）还是脆浆粉（常用来炸热狗的那种），也都会造成含油量的差别，这样讲会太复杂吗？简单的方式就是尽量以拌、淋的方式来使用油，可以比较精准地控制摄取的油量。

像是蛋糕、巧克力之类的甜点，为了让你吃起来有"幸福"的感觉，使用的油、糖分量通常会远远超出你的想象。但它实在太诱人了，连我偶尔也没办法克制！所以后来干脆学会自己烤蛋糕、做巧克力，不但分量可以自己控制，还可以和好朋友一起分享。

外食族也普遍有"吃重咸"的现象，餐厅为了让客人一放进嘴里就觉得菜很够味，多半会加了比较多的盐、辛香料和味精，久而久之你的口味偏好也跟着变重，食物如果只是简单的清蒸或者水煮，反而会觉得口味不够重，不好吃。

零食偶尔吃无所谓，别取代正餐！

　　我自己很早就习惯吃清淡的食物。除了可以吃到食材本身的鲜甜，不会一直觉得口渴想找水喝，口味如果淡一点，也不会增加肾脏的工作负担。另外，零食、泡面这些加工食品，也是人工香料和人工甘味的大本营，偶尔吃、解解馋无妨，如果天天吃、甚至用来取代正餐，很容易有营养素摄取不足的问题，那些额外添加的人工物（例如防腐剂和色素），如果长期累积在身体里代谢不掉，也会威胁到健康的。

　　虽然三餐在外，也要有聪明的选择！先选当日现煮、现做的店家，尽可能从中选出口味清淡、含油量较少的菜色，如果没得选，就从现有的情况，挑一个对身体最有益、最无负担的来吃，等下一餐再做调整。当你慢慢熟悉这套认识和选择食物的知识，它就会自动变成你独门的"生存之道"，不论是在自助餐、便当店，或者吃buffet、跑party，甚至是便利商店，你都可以放心地吃，聪明地变美和瘦!

我特别为年轻的上班族女生,开了以下这张"五日健康养瘦"建议菜单,我朋友曾经依照这菜单而在短时间之内有速瘦效果,但实际上还是因人而异!只要懂得怎么选,你不但可以吃到汉堡、水饺、涮涮锅、乌龙面,甚至要吃烤鸡饭、叉烧饭也统统没问题!

(表4)

五日健康养瘦菜单

	第1天 (纤体净肠日)	第2天 (轻体快餐日)	第3天 (营养补给日)	第4天 (简餐自由日)	第5天 (快乐轻食日)
来源	便利超市	快餐店 (摩斯、麦当劳)	一般早餐、 火锅、面店	一般早餐、 简餐店	便利超市
早餐	冰心地瓜2条+ 轻酸奶250ml+ 苹果1个	蛋堡1个+美式 咖啡（红茶） +小番茄1碗	皮蛋瘦肉粥1 碗+番石榴1碗	火腿蛋吐司1份 +各式水果1碗	御饭团1个+无 糖高纤豆浆1 瓶（500ml） +小番茄1碗
午餐	熏鸡三明治一 个+生菜色拉 一盒+低脂鲜 奶300ml	烤鸡汉堡1个+ 夏威夷生菜色 拉1份	海鲜乌龙面一 份： 面2/3碗、 虾、花枝、鱼 片、蛤蜊、 蚵……共4匙	烤鸡（叉烧） 饭一客：饭半 碗、棒棒腿1支 去皮或叉烧6～ 7匙、青菜半碗	水饺10个+烫 青菜1份
午点	香蕉1根	菠萝1碗	橙子1个	各式水果1碗	香蕉1根
晚餐	关东煮： 冬粉1包+玉米 1根+玉子蛋1 个+杏鲍菇1个	小汉堡1个+熏 鸡色拉1份	涮涮锅一客： (海鲜锅、日 式火锅、昆布 锅)、饭半碗、 肉片一盘（可 选鸡、鱼或 低脂猪、牛）、 青菜一盘	鱼片面或肉片 面： 面2/3碗、鱼 片（或肉片） 5～6匙	燕麦片1瓶 (280ml)+低 脂酸奶1杯 (180g)
	每日建议水分量：1800～2200ml				

信息来源　乔登健康管理中心

外食族的养瘦提案

肚子饿却没空去吃饭，怎么办？

我的工作行程安排得很满、很紧凑，又常常要花很长的时间、很大的力气才能做完，三餐不正常是很常有的事。如果你是上班族，也许也和我一样，常会遇到事情一忙就不小心错过用餐时间的情况。

你可以事先在包里准备一些咸咸的苏打饼干，感觉饿的时候就吃几块，如果配牛奶喝会更好。苏打饼干里的碱性可以中和胃酸，牛奶也可以保护胃壁，否则一直处在紧张高压下，胃壁会被胃酸侵蚀变薄，而造成胃痛。如果一直都不进食、导致饿过头，除了血糖太低会造成晕眩的状况，当你终于有空吃饭时，身体对食物的吸收力也会大大提高。

一小包苏打饼干算做一份主食（留意包装上的成分标示，选择比较不油的，目前市售的单包装苏打饼干约1.5～2份主食），只要你当天食物的总份数控制好，不要太晚的时候吃，一包饼干并不会让你万劫不复的。

这也胖、那也胖，胖的部位都不一样！

在我们不同的生长阶段，体型会因为受到荷尔蒙和生活形态的影响而产生变化。例如，全身胖得很匀称的人，通常是从很小时候、甚至一出生就开始胖，这是因为当他还在妈妈肚子里的时候，已经吸收了许多的营养（主要是脂肪），出生之后又因为家里很照顾，常常喂给他东西吃，胃口养大，身形才会养得圆圆胖胖。所以妈妈在怀孕时，就要注意营养的摄取，让宝宝增加的是肌肉细胞而不是脂肪，出生之后也要稍稍克制一下用食物表达母爱的方式，让baby结实健康而不是虚胖。

三岁左右是另一个增胖的阶段，一直到小学时通常都是胖全身，进入青春期后女生则容易胖屁股、胸部，男生则要看运动量，如果吃得很多、又动得多，四肢会很粗壮；但如果只是吃很多，肚子就会圆滚滚地胀起来。

成年后，女生胖的部位就多半靠工作和生活形态来决定。坐办公室的会胖屁股、大腿，如果从事需要久站的工作，双腿会变得很发达。孕妇主要是胖臀围和胸背部，产后"虎背熊腰"的情况很常见。等到中年后胖起来的就主要是躯干了，这可是进入最危险的三高阶段！

男生过了青春期，在念书阶段因为活动量大，胖的不多。但一进入职场，应酬变多，加上没有运动，就会——变成"中广前辈"，腰围的数字也会和年龄成正比，变成欧吉桑。

如果要避免中年发福的情形发生在自己身上，过了25岁，就要开始保持肌肉量的不衰减，例如上健身房做重量训练等等。再则就是有一套正确的饮食观念，摄取到充足均衡的营养，看起来自然能比和你同龄的同学、同事身形更理想，气色也更好啦！

我要如何拥有自然苹果光？

很多女生都和我以前一样,脸色苍白、偶尔容易昏眩,或者有贫血和血压低的问题。解决这种问题可以从摄取食物来补充铁质,帮助身体制造血红素,也让气色更红润。像是红色的肉类(牛肉或羊肉,颜色愈红的铁含量愈高),还有一些煮了之后会呈现红色的蔬菜(如红凤菜)、红豆汤或把红豆加在米里面煮成红豆饭也可以喔。

Case Study

二十公斤换来的
是幸福婚姻

从未感到饥饿的饮食调养

就在姐姐和姐夫论及婚嫁的时候，姐姐看到姐夫的体检报告，担心不已。因为，所有的数字都显示出姐夫的健康状况出了问题，最严重就是才二十几岁的他就已经有轻至中度脂肪肝。于是，姐姐在婚前对姐夫提出一个要求："你不瘦，我不嫁！"为的就是希望姐夫能够拥有健康的身体。

我认识姐夫Jerry已经很多年，他长年待在美国，习惯美式饮食，大口吃肉、大咬汉堡、大嗑牛排，和多数美国人没有太大差别，这也是他饮食习惯的方式，一餐没肉就浑身不对劲似的。想当然，这种饮食方式也就造就他当时惊人的体重数字！

还在美国的时候，其实身高183厘米的他，在当时的环境里并不会被归类成"胖"的那种，大多数的人都说他是"壮"，哈哈。因为西方人的体型大都偏大个，所以他的身形走在西方校园里，并不会特别引人注目。不过，转移到台北，情况可就不一样了！开始有人对他指指点点……

前两年最夸张的时候，他的体重甚至破三位数（天啊！整整超过两个我啊）！

"不瘦不嫁！"瘦身成就幸福家庭

他和姐姐在论及婚嫁前，姐姐看了他的体检报告，担心地跑来找我讨论，因为那些数据正在显示红灯，让姐姐相当担心姐夫的健康状况。偏偏姐夫的个性较拗，不容易被说服，我们叫他多注意健康，他只是当耳边风一般，左耳进、右耳出。

于是，为了姐夫健康着想，姐姐只好使出杀手锏，在决定要结婚前，大喊了一句："你不瘦，我不嫁！"没想到呢，这句话果然奏效了！姐夫因为深爱着姐姐，一心一意想把姐姐娶回家，终于开始正视自己的身体，并开始关心自己的健康和体重数字，心里也想给姐姐一个健康又幸福的家庭。

现在，你想得到的所有健康、瘦身数字，姐夫都已经完全达到标准，如果他去医院做体检，简直就会交出一张好宝宝的成绩单！当然，我这样姐夫、姐夫的叫，也代表他最后娶回我美丽的姐姐，

part 3 吃，是减肥的开始

成功达成啦！

转换态度，是瘦身的第一步

在他们还没有结婚之前，身高183厘米、体重却近百公斤（不小心还会飙到三位数）的姐夫，前后大约花了一年半的时间，总共瘦了20公斤，不只是瘦而已喔，他还恢复了年轻人应该有的健康，连原本的"轻至中度脂肪肝"都完全消除了！我和姐姐知道这消息，都超级开心感动的，因为我和健康管理中心的努力没有白费。

其实，以前几乎什么都不敢吃，或是吃了就有罪恶感而要把吃过的东西都挖出来的我，很让他感到困扰，姐夫很看不惯我这样的方式，因此对于瘦身这件事情特别反感。

想起来那段日子，要一个对自己身体和体重毫不在意、甚至排斥去深入了解瘦身概念的人转换态度，变为开始重视自己的健康，真是一个艰难又漫长的过程。不过，后来因为我认识了营养师，开始敢吃东西了，并且因为每天的饮食调养，身体开始有好的变化，有了我"铁证如山"的例子,姐夫才终于愿意采取行动。

想要瘦身,第一步是要先重视自己的身体,健康与外貌同时拥有的好处,真的多到你想象不到的境界,你一定要和我姐夫一样,先调整好自己的健康心态,再去实行瘦身行为。

随时调整饮食，体重立即见效

当姐夫不再那么排斥瘦身之后，刚开始执行我给他的很多饮食的基本原则及建议，初期他也确实有一些成效，但我实在太忙没法天天对姐夫精神喊话，就把姐夫托管给专业健康管理中心的营养师来天天对他耳提面命，姐夫说："那段日子，我从没有感到饥饿。"这句话，同时也是我的感受！很多人在瘦身过程当中，饿到眼冒金星还是胖、饿到胃酸都侵蚀胃壁了还是肥，这根本就是错误的方法，真正的健康瘦身方法，并不会让你的身体饿到有不舒服的情况发生。

正确的减重绝对不会让你饿到头昏眼花，而是根据你的新陈代谢率，去帮你计算你每天应该要吃的"分量"，让你从每次都吃饱饱，改成吃到七八分饱。

姐夫说他一开始，经常打给营养师问晚餐吃什么比较好，来调整他那天的分量、油量，"因为如果我照着做，通常第二天就会反映出好成绩！"姐夫笑嘻嘻地说。

一开始，他心里其实还是半信半疑的，后来他发现了我和营养师总能指着食物，告诉他哪个可以吃、哪个不要碰，因为这样、那样，我们都能说出一套很完整的道理，而且都是对身体好的理论。在西方教育下长大的他，自然而然地就敞开心胸真的相信我们，最重要的是，他的体重也开始产生变化啦。

大口吃肉，也就大量长肉

他一开始有个最严重的错误观念，也是导致他这么多肉的主因，就是他以为吃主食会胖，吃肉比较不会胖，所以他猛吃肉品，鲜少吃主食淀粉类的东西。所以咯，很多美眉以为不吃淀粉就不会胖，这真的是很严重的错误观念，看我姐夫当时的身材就是最好的证明！

就跟我前面提到的一样，一定要营养均衡，不能完全不摄取某种营养素，也不能特别大量吃某一种食物，而是要根据自己的状况，去算自己每日摄取分量，不管是肉类、淀粉还是青菜蔬果，都一定要吃，而且是三餐都要有这几种才可以。

姐夫瘦身的另一个关键是他开始"喝水"了。这听起来好像很不厉害，不过其实你仔细检视自己的饮水习惯，就会惊觉大多数的人每天都没有喝到足够的水。很多人都是以"含糖饮料"取代水，这完全是不行的。因为姐夫以前是不喝水的，每天只喝饮料、汽水，所以那些含糖的饮品还是少碰为妙。

减重后，美丽事件接二连三

在他跟着我依照健康管理中心的方法，实行了一年多的饮食"分量"控制，终于从99.2公斤，变成79.2公斤，整整瘦了20公斤！20公斤耶，你能想象从自己的身上甩掉20公斤的肉，而且还是在无痛苦的情况下吗？（因为他个性比较顽固，所以这样的成果已经比预定的慢了喔！）

后来他不仅完全相信，并且还自愿介绍给更多人这套瘦身方式，其中以女性朋友居多，因为他因此而获得一个幸福婚姻，也希望与大家分享这个快乐，让他身边的女性友人也可以因为有了健康又好看的体态，找到美好归宿。事实上他真的因此凑成了好几对情侣鸳鸯喔！（就说瘦身好处多到你意想不到的程度吧！）

姐夫现在的体重都维持在标准值之内，虽然已经较少去健康管理中心报到，不过他也跟我一样喔，把那套理论学起来并"内化"

成脑子里的知识，现在几乎都可以自己判断或自行调整，让他的帅气、健康能一直延续下去。

以下表格，是健康管理中心为姐夫记录的"体内年龄"表格，可以清楚地看到他99公斤的时候，BMI和体脂率都超过标准值，但是现在79公斤的他，BMI已经在标准值之内了。（可喜可贺啊！）

姐夫Jerry的体内年龄表格

体重		99.2Kg	88.3Kg	79.2Kg	单位	参考值
BMI		29.6	26.4	23.6		18.5～23.9
基础代谢		22.1	22.8	23.4	Kcal/Kg	23～24
体脂率%	全身	24.9	21.3	16.9	%	男性 30岁以下：14～20 30岁以上：17～23
	躯干	25.8	21.9	16.5	%	
	腿	25.2	21.6	18.3	%	
含水量		52	54.3	57.8	%	60
肌肉与骨骼		23.1	24.4	25.2	%	22～25

信息来源　乔登健康管理中心

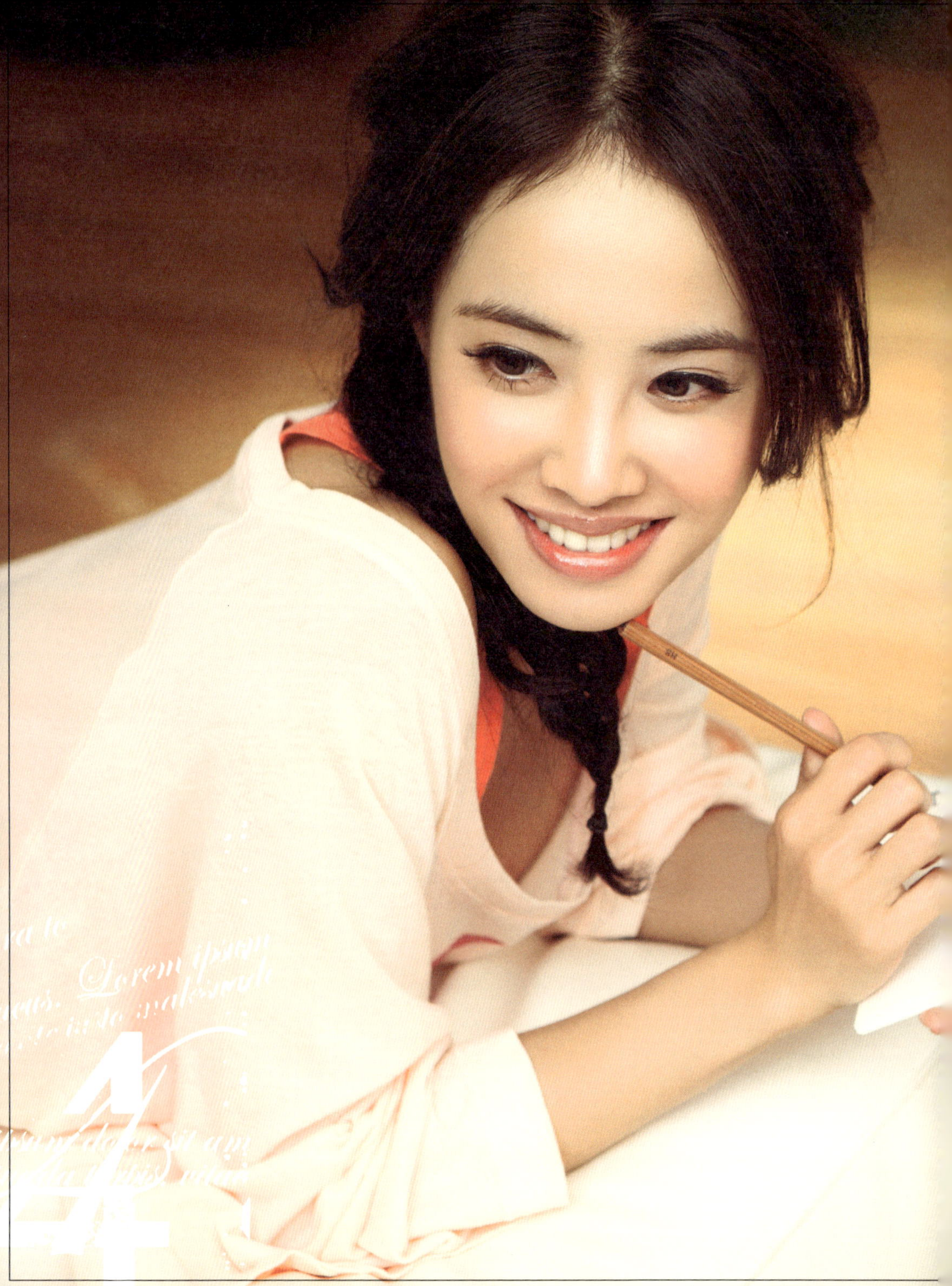

Part 4
养瘦心法大公开!
养瘦的好处多到让我忍不住想跟你分享

神奇的窈窕超体验,关键只在吃对与吃错。不到一个月的时间,我身体上的疼痛和不适感确实减少了很多,脸色比较红润、也比较有血色了,心情好像也跟着开朗起来。最奇妙的是,我的身材并没有因为吃得比较多而变胖,反而更结实、有弹性,看上去线条比以前更明显。

本章节之专业资讯来源/邱锦伶老师

养瘦秘法1
神奇的窈窕超体验，关键只在吃对与吃错

在我觉悟"得要瘦得健康，才能长长久久"的道理之前，虽然我已经够瘦了，但精神不好、气色差、难睡、浮肿、肩膀酸痛、粉刺、皮肤过敏、手脚冰冷、胃容易胀气，以上都是当时的我常常觉得身体不舒服的症状。

我想找回健康，想要调整身体，让它的状态更好。我知道自己一定可以做到，只要用对方法，和过去一样用意志力持续地做，我可以变成自己想要的样子，成功克服工作上更多艰难的挑战。

教我健康饮食的老师的方法很奇妙，不知道是不是事前已经先听说我过度虐待自己的"丰功伟业"，她连分量都没叫我算和控制，只说"细嚼慢咽，感觉到有八分饱就好"。她也仔细地问了我

身体不舒服的情况，然后列出一张表，针对我不舒服的症状，要我完全避吃上面写的这些食物。生活作息也要跟着调整，如果真的听话、乖乖照着做，很快就会看见身体的反应变化。

果真如老师所预料的，不到一个月的时间，我身体上的疼痛和不适感确实减少了很多，脸色比较红润、也比较有血色了，心情好像也跟着开朗起来。最奇妙的是，我的身材并没有因为吃得比较多而变胖，反而更结实、有弹性，看上去线条比以前更明显。

除了变瘦变美之外，我更是活力满分

不只这样哟，我的体力也变得更好，不会觉得身体很沉重、也不再容易觉得疲倦。慢慢地，我开始长肉了，身体摸下去不再只有一层皮，而是摸得到肉的弹性，虽然看起来还是很瘦，但肌肉状态已经和以前大不相同了。

竟然有这么神奇的方法！我当然要发挥"好奇宝宝＋拼命三娘"的本领，好好问个够！每当老师说"Jolin，这个不能吃、那个可以吃"的时候，我就会反问："为什么？老师请告诉我！"她都会很有耐心地用浅显的字句解释给我听。而当我在外用餐时，如果不确定哪些食物是可以吃的，也会打电话给老师问个究竟。久而久之，我从老师那里学会了另一套辨识食物的道理，知道怎么判断哪些食物对我的体质有益，知道怎么辨认哪些该吃、哪些不该吃。

跟朋友在外面餐厅吃饭，点菜的时候我就会麻烦服务生告诉厨师，哪些食材不要放，哪些酱料请帮我换成可以吃的东西。朋友都很好奇我又开始哪种减肥歪理，但听过我解释后，往后点菜的重责大任就自动交到了我手上……我也乐得担起这样的责任，也许因为我的性格中有那么点里长伯的特质吧，觉得好的事情，就无法控制要与很多人分享的欲望。

不再痛恨脂肪，原来它能让人这么美丽

最明显的例子，就是因为我学到原来女性荷尔蒙要均衡、皮肤要漂亮、能发亮，和脂肪都有关系。因此吃类似涮涮锅那种烫一下就熟的肉，可以吃进去好的脂肪，会使身体健康而美丽，这样的观念，带给我吃的乐趣和更健康的体态与内在。

朋友和同事听说我现在竟然会吃这么多不同种类的食物，惊讶得下巴都快掉下来！但是，我其实只因为更懂得了一些挑选食物的技巧，譬如：吃了炸薯条对我身体会产生什么影响、知道该挑哪一家炸的薯条，吃进去的油才不会造成负担。

现在，蔡助教要首度"出师"了！我把老师告诉我的营养知识，整理成一般人都可以很受用的观念，写在这一章里，希望你也能跟我一样，在正确观念的导引下，一天比一天蜕变得更美，身体、气色都变得更健康！

part 4 養瘦心法大公開！

> 养瘦秘法2

女生最怕的局部肥胖，靠吃就能改善

很多人都会问我怎么瘦局部，且因为东方女性的体型问题，不像西方女性那般好看，特别是下半身最容易造成大家的困扰。但是很多人都以为做局部运动就可以瘦那个地方，这其实是不正确的观念，因为你一定要先将脂肪减少之后，才能开始雕塑肌肉线条啊！

针对很多年轻女生都有的下半身肥胖困扰，中医说是下半身虚弱、体质虚冷，西医的说法则是基础代谢率太差，新陈代谢不好，连带的免疫力也下降。不论中西医，会造成这个对很多女生来说实在太困扰的问题，最大的元凶就是"吃冰"。

不吃冰品和生食，下半身肥胖bye bye

夏天来碗刨冰或者喝杯冰冰凉凉的冷饮，表面上好像瞬间得到"透心凉"的快感，但事实上冰饮会让你的血管急速收缩，造成代谢变慢。本来正常新陈代谢运作下该被血液带走、排出的废物还继续留在体内，就造成了水肿和肥胖的问题。

如果想要了解自己是不是这款，只要看看自己的手脚末端和嘴唇四周，如果带点紫紫黑黑较深的颜色，就代表你很有可能就是循环不良，甚至患有心血管的毛病，就更得切记不要吃冰呀！

拒冰还能老得慢，你还要来碗刨冰吗？

如果你想要老得很慢、减缓你的老化速度，从今天开始，就下定决心谢绝所有的冰品和冰饮，最好只喝温或热开水。任何从冰箱里拿出来的东西，至少都要等个15分钟、恢复到常温后再喝或吃。让你的身体维持在最适宜的常温状态，它就不会走上未老先衰的绝境哟。

我身边很多朋友为了减重或健康，吃大量的生菜，甚至会干脆用来取代正餐，结果呢，这样看似饮食够清淡了，却并没有变瘦，健康也可能因此出问题，问题也出在身体虚冷、新陈代谢没有提高。生食并非不健康，它因为未经烹煮，保留了丰富的酶，很多营养素也没被高温破坏，但除了上述问题之外，如果你洗菜的方法不正确，生食里的农药、重金属残留就会直接吃进你的肚子，如果一定要吃生食的话，请尽量清洗干净，也要尽量控制分量，千万不要过量了喔！

part 4 养瘦心法大公开！

■ 用生菜取代正餐是无法健康减肥的喔！因为这跟吃冰的道理一样，会降低你的新陈代谢啊！

配合会流汗的运动,你一定会健康得想大叫

除了不吃冰和生食,你也可以用运动(例如可完全拉开身体筋骨、又可以流汗的瑜伽,或大步平地快走、双手同时前后大幅摆动,可以和缓地运动到全身)、泡脚或泡澡,来促进身体循环与新陈代谢。

泡脚的水最好要能完全浸没膝盖以下,至少也要有小腿的一半,如果是平躺着泡澡,则以能让心脏以下的身体浸没为原则,用不会刺痛皮肤的水温,睡前泡个15~20分钟就很有效,泡的时候上半身也要注意保暖喔!(特别注意,经期间的女生请不要泡澡。)

身体某些部位如果容易水肿或者出现脂肪堆积的情况,就代表那里有淤积、气不通。局部的拍打、按摩,理论上确实能有助于让身体的气畅通,增强基础代谢,但如果没有解决体内根本的问题,而只是靠外力来拍打或按摩,效果是很有限的。此外,如果力道和

part 4 养瘦心法大公开！

方法不对，拍打之后还可能会造成血栓的情况，一定要多加小心喔。

上下楼梯容易伤到膝盖，还是大步平地走较好喔！

> 养瘦秘法3

避免上火，以免毁了你的健康与美丽

另外一个现代人常见的毛病，就是"上火"。用西医的说法，这是一种细胞发炎，严重的话，甚至会刺激你的免疫系统，造成过敏等身体不舒服的反应。而中医把"火"分成"外火"与"内火"两种，外火主要是因为吃进来的食物所引发，而内火则和情绪、压力、生活作息有关。

大部分的女生普遍有体质虚冷、血液循环不良的问题，如果身体又很会上火，等于是"火上浇油"（中医称为"阴虚火旺"），毒素代谢不掉，沉积在血管里造成血管的硬化和脆化，内脏和皮下也会形成脂肪累积起来。最可怕的是这些"火"长年累积下来，可能转变成为癌细胞，身体不断地出现癌变。

肤色、肚腩、口渴，都能观察出火旺

吃完东西会口干、找水喝，就是上火的症状。不同器官的火，如肝、胃、心、脾、肾等，都各自有不同的对应方式，有些靠药材，有些靠调整生活方式，有些则要吃对食物。我们要防止自己的身体"上火"，各个细胞和器官就能在平和的情况下正常运作。例如，如果你的肤色暗沉、甚至呈黄绿色，双颊有明显的黑斑，肚子也有一圈摆脱不掉的"果冻腰"，这些症状，都说明了你有"肝火旺"的情况。

说起那个很辛苦的肝，一般人都知道它的主要功能是解毒，但是当你的肝上火（发炎）了，累积在体内的毒素代谢不掉，就会显现在脸上。

肝还有另外一个重要功能，就是帮助脂肪分解，如果你长期吃反式脂肪较多的东西（例如西点常用的酥油、白油）或者油炸、快炒、动物性脂肪（如肥的卤肉），都会让肝脏难以分解和代谢。再加上长期上肝火，肝脏分解脂肪的能力也大受影响，自然就会在皮下和内脏堆砌起来，让你变成一个大肚男或小腹婆。

所以呀，引起肝火的原因，可能就是来自"食物"、"作息"和"情绪"。经过高温油炸、高温烧烤、高温烘焙、高温快炒的食物，都很容易引发肝火，想要消掉腰部赘肉、去除脸上的黑斑，务必先忌口，最好能避开这四大类高温食物。

以下表格是特地为各位整理出来的，针对不同脏器作分类，将我们较常吃到且容易引发上火的食物罗列出来，你们一定要跟我一起努力对身体好，尽量减少吃那些会对身体健康没有帮助的东西！

(表5)

上火食物VS症状

上火脏器	部分显示症状	可能引发食物
肝火	起床有眼屎、眼睛干痒酸、眼睛发胀、口干舌燥、嘴破、肤色暗沉、耳鸣、排泄物颜色深、易怒、有无名火、脸上有黑斑……	高温油炸、高温烘焙、高温烧烤、高温炭烤、快炒、爆炒的食物；香油、麻油、沙茶、咖喱、麻辣、红葱头…… 芝麻、花生等坚果类…… 胡椒、八角等大多数辛香料……
胃火	胃胀气、胃闷胀、胃发炎、牙龈肿痛、乳房胀痛……	黄豆制品（例如豆腐、豆干、纳豆、毛豆、味增……） 糯米类制品（例如肉粽、油饭、紫米……）
肠火	排泄物臭或黏、手上有老人斑、小腿粗糙干燥……	蛋类制品（例如番茄炒蛋、茶叶蛋、卤蛋） 含蛋的蛋糕面包饼干（包括美乃滋、牛轧糖……） 虾子（包含虾米）

数据源　邱锦伶老师

睡得好，甩肉、去火好处一大堆

现在年轻人普遍有晚睡的习惯，我承认，我以前也是出名的"三点不露"，因为常常熬夜睡得晚，不到下午，我是不会起床的。

但是那个维持健康和美丽最重要的肝呢，其实晚上十一点就应该要让它好好休息，才能应付它每天庞大的工作量。所以尽可能调整作息，十点半就上床躺平，十一点以前可以熟睡最好，隔天早早起床，这样才是善待它的方式。

这一点坦白说我也不太做得到，刚开始会觉得朋友们多半晚睡晚起，我一个人早睡早起，感觉很寂寞，找不到朋友做伴。但渐渐地，我感受到早起的好处，譬如：我的一天变长了，可以做很多事情，感觉很充实；而早上真的头脑比较清楚，不论是规划工作上的事情，或者做任何事情，效率都好得太多！再加上整个人感觉都更健康了起来，所以我开始觉得晚睡晚起的损失实在太大。

　　我知道很多人会觉得："我就是睡不着呀！"以前的我很难睡着，躺在床上一闭上眼睛就想到工作的事，愈想愈烦但身体却很累，隔天总是带着挥之不去的疲劳感去工作，整个人无精打采。不过当我慢慢调理好身体，一些酸痛逐渐消失，说也奇怪，我竟然可以很快入睡，睡得很深、很熟，直到睡饱了才起床。这种"完全充电"的感觉，真的很满足、很过瘾！希望你也能够做到噢！

（表6）
简易自我检测症状法

身体状况	可能代表症状
脸上有斑	肝火旺
双眼浊黄	肝火旺
嘴唇周围颜色暗沉	心血管功能不佳
皮肤出现皱皱的纹路	胶原蛋白不足
习惯弯腰驼背	身体缺钙
四肢末端颜色较深	循环不良

三餐认真吃，早餐一定要

前面说过了，三餐一定要有肉、菜和淀粉，如果你每一餐都认真地吃，选对食物提供给身体养分，它就会好好工作，把营养转化成你需要的能量，把多余的排出去。

而在三餐当中，依照分量比例，最重的应该是早餐，午餐次之，晚餐的分量必须要最少。我假设你跟我一样是个好奇宝宝，就一定会问："为什么呢？"

这可是有大道理的，因为我们的身体是跟着太阳而运作，一天当中使用到的绝大部分能量是从早餐而来，当太阳下山，我们的身体也准备休息，内脏的运作机能和模式会愈来愈慢，如果你愈晚吃进愈多营养的食物，等于是在强迫身体超时工作，也没办法真的把这些食物好好分解消化，容易累积起来，那会怎样呢？我相信你已经听懂了，就是会变胖。

此外，人体里有些不好的细胞在晚上比较活跃，很有可能你吃进去营养的食物，反而是被这些不好的细胞所吸收，日积月累之后，就生成了疾病。

早餐愈早吃愈好，晚餐则最好能在七点以前就吃完。如果你不得已在七点以后才能吃晚餐，那就要尽量避免吃蛋白质，特别是女生，如果妇科有长瘤，怕会把瘤养大。如果想要一辈子吃不胖，睡前两小时就不要再吃任何东西，当然也绝对不要吃消夜。

偶尔我会遇到需要在晚上拍MV或广告的情况，因为需要消耗大量的体力，我就会吃一点淀粉，譬如饼干或者白吐司来当消夜，才能让身体有足够的热量可以燃烧。

要吃就吃优质蛋白，就是不过度烹煮的肉

前面我们已经认识到蛋白质的重要，但你知道哪里有优质蛋白吗？

答案是：清淡、烹煮时间短、未经加工的新鲜肉片。它们保留了最完整的营养素，没有因为烹调或加工，造成变质或流失。吃优质、新鲜的蛋白质，可以帮助肌肉生长，让身体线条更明显。同时，红肉（猪、牛、羊）比白肉（鸡、鸭、海鲜）更能带走身体里的废物，并且消除水肿。

仔细想想，我们平常所吃的肉种类很多，但绝大多数都是经过长时间烹煮，或者大火炒炸。另外像贡丸、鱼饺、鸡块这类加工过并且添加调味料的肉制品，虽然美味，但真正的营养早已在过程中流失大半，还把外加的人工添加物、调味料都吃了进去。

最能吸收到优质蛋白的方式，就是到市场买新鲜的肉片，煮一锅滚水，烫到肉一熟就捞起，撒点盐或蘸姜汁酱油，马上食用。掌握"做法愈简单愈好、烹调时间不要超过15分钟"的原则，优质蛋白就全属于你了。

此外，有些人容易有胃胀气的问题，那么最好就少吃蛋和奶。它们虽然也是蛋白质的重要来源，但有些人会对蛋奶过敏，会对蛋奶过敏的人吃蛋、喝牛奶，还有吃黄豆制品，都容易造成胃酸逆流或胀气的副作用，有这些困扰的人，还是少吃为妙。

【百搭好酱】

自制姜泥酱油

很多酱料都会引发上火反应（如常见的香油、花生酱、芥末酱等等），再掺入葱、蒜等辛香料，火会烧得更旺。老师教我一种可以在家自己做、超简单的"姜泥酱油"，烫好青菜或肉片后，淋上一汤匙的油（橄榄油、葵花油、亚麻仁油都可以）和一汤匙的姜泥酱油，味道就很够！

做法是：买一块老姜，把它仔细刷洗干净，去皮、磨成泥（也可以用生姜，不用去皮）去掉粗纤维之后，放在玻璃瓶里，用清酱油泡起来，放在冰箱里慢慢用。

姜可以让身体温暖，又是辛香料中最少引发过敏反应的。但如果你长期胃发炎，记得把姜泥里的纤维滤掉，改成姜汁来泡，以免刺激使发炎更严重。要特别留意。

令人难以抗拒的炸物、甜食和饮料，只能少吃啊!

这三项里头，只有甜食类的巧克力是我的唯一罩门，戒都戒不掉。现在偶尔还是会吃一两口，或者干脆自己烤个巧克力蛋糕来解馋。

其实这些食物并不是一口都不能吃，最重要的是你是否了解它制作时选用的原料，还有吃下去以后，对你身体会有什么影响。

坦白说，在我们的外食环境里，使用的油有90％以上是对我们的身体不健康的。像是很多人爱吃的咸酥鸡、香鸡排，一锅油长时间被高温加热，炸了好几轮还在炸，有些商店为了节省成本，甚至还会回收旧油，隔天回锅再炸。只要你是外食一族，除非下定决心不买、不吃，否则真的很难完全避开它们对身体的危害。

所以，如果偶尔嘴馋想吃炸物，就辛苦一点、在家自己做，至

少用的油干净、可以100%放心。

甜点的缺点是通常除了油、糖、淀粉和香料，没办法提供给身体丰富的营养。如果活动量不是很大，偶尔吃一点点还OK，但绝不能吃多，也不能用它来代替正餐。我随身会带一整袋的零食（注意：营养标示反式脂肪为0才能买），肚子饿或嘴馋的时候就拿一些出来嚼，不要一次整包全吃完。我最近开始把葡萄干当零嘴，甜甜的滋味里带着一点微酸，既天然、又可以补铁和抗氧化。

养瘦秘法4

女生最怕的水肿，我有法宝来治它

水肿应该是女生觉得最讨厌的事情之一吧！明明没有变胖，但水肿就是会让你的身体看起来硬是多了一大圈，而且眼皮脸颊都浮浮的，很没精神的样子。对于像我这样需要常常上镜头的人来说，水肿真的是大敌啊！

我们的身体为了调节血液里离子浓度的平衡，在某些时候会把水分"抓"在体内，以免发生中毒现象。像是当你熬夜、身体堆积了很多废物，或燃烧太多脂肪而产生大量酮体，还有女生在生理期期间，因为荷尔蒙的作用，也会因为水分留在体内而感觉到手脚肿胀。从中医的角度看，水肿也代表你体质太寒、没有运动，如果是女生，通常水肿会伴随手脚冰冷、经痛等现象。

喝水量不足也会让你肿得像气球

如果你怀疑自己水肿，第一个要检查自己喝的水量是不是足够。每个人每天基本的饮水量，是把你的体重乘以35ml，例如你是50公斤重，每天就必须要喝到1750ml的水才算足够。充足的水才能把体内的废物带走，相反的，当你水喝得不够，身体会回收尿液，尿液也会因为尿素、尿酸等废物的浓度高，而呈现很深的颜色。

平常想要预防水肿，可以一起床先喝100～200ml的温开水，把睡了一夜所产生的废物排掉。从早上起床至晚上九点前冬天控制在1800ml（包含起床时喝的100～200ml的温开水）；夏天时则一整天需摄取2000ml。晚上九点以后，控制饮水量，觉得渴时可喝一口水含着，再慢慢吞下去。

另外，睡觉前两三个小时不要喝大量的水。因为喝大量的水会影响睡眠，也增加肾脏负担。如果你半夜尿急醒来，就表示肾脏已经无法负担，才会把你挖起床去尿尿。

如果你的工作和我一样，常常需要大量流汗，也要注意电解质的平衡。可以用运动饮料和温开水用1:1的比例兑着喝。

另外，也要检查你摄取的蛋白质是不是足够。因为蛋白质与细胞的等渗透压有关，摄取足够的蛋白质，可以帮助你代谢掉体内老旧与多余的水分。

Jolin 悄悄话

水肿不代表你喝太多水，这个观念一定要矫正过来，不然你的肾脏会工作到累倒，很可怜的……

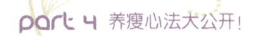

代谢差、吃重咸，也是水肿的大帮凶

第三，你可能代谢较差、不易流汗，或平常口味吃得太咸而不自觉。女生最好在生理期开始前一周，就把饮食调整得清淡些，尤其是睡前或晚餐，不要吃重口味的食物，早上则可以多喝水。另外，可以用运动、泡澡、洗三温暖来加强发汗，在茶或菜里加一些姜也有帮助。

当当！抗水肿大法宝：红豆茯苓莲子汤

我没有喝饮料的习惯，尤其当老师下了"戒冰令"后，更是几乎完全不喝外面卖的冷饮了。我通常会随身带一瓶水，随时补充水分，如果真的要买饮料来喝，我会先选不加糖、不加奶、也不加珍珠的来喝，例如"无糖乌龙茶"。

如果妈妈有空，我会请她帮我炖红豆茯苓莲子汤，它能美白、安定神经和情绪（帮助睡眠，改善浅眠多梦的症状），还可以消水肿。另一味汉方甜品则是木瓜炖雪蛤和红枣枸杞莲子炖燕窝，也有润肤养颜的效果。（有妇科肿瘤如子宫肌瘤、乳房纤维囊肿、卵巢囊肿等患者，不建议食用雪蛤，可能会有把瘤补大的风险。）

【消水肿的大绝招】
红豆茯苓莲子汤

☆ **分量**：约一人／一周分量

☆ **材料**：红豆1杯半（以量米杯测量，约300ml）、茯苓3～4大片、莲子2杯（约400ml）、二砂糖适量

☆ **做法**

1 将红豆先洗干净后泡水两小时

2 将茯苓洗净后，剥成如指甲大小的块状后，泡水两小时

3 莲子不用泡水，洗净即可

4 大同电饭锅外锅放四杯水，内锅先放入红豆和茯苓，水加到七或八分满

5 按下开关，待开关跳起再加入莲子，此时外锅再加入一杯水，再煮一次

6 煮好后加入适量的二砂糖

☆ **叮咛**：一星期吃五次，一次一碗，最多一天吃两次

> 养瘦秘法5

"心想事成减肥法"可不是唬你的!

　　Jolin要教你的最后一招,也可能是最能帮助你事半功倍、更快达到理想身形的招数,叫做"心想事成法",也就是通过心理战术,让你的身体好好与你携手合作,共创美好未来的神奇妙法。

　　首先你要告诉自己,你不是在"减肥",而是"调整体态"。这两个词的差异在于,"减肥"通常被当作负面用语,因为你"肥"、所以才需要"减",当你告诉自己或者别人"我需要减肥"的时候,也就间接否定了自己的身体。

不要想"我要减肥",而要想"我要调整体态"

当你在调整体态时,你全身上下的细胞就是你最亲密的战友。它们需要被鼓舞,而不是责备或者否定——没有人一天到晚被嫌弃后,还会力图振作起来的。如果你常常对着自己的身体说:"我希望我的身体比现在更健康,体态比现在更好。就让我们一起努力吧!"一而再、再而三地鼓励你的身体,自然会产生正向的力量,把能量导引到你所希望达到的结果。

如果你觉得自己的脸再瘦一点会更漂亮,你也可以告诉你的身体:"我会努力吃你需要的食物,不吃不健康的东西,请跟我一起努力,我们一起把这块肉慢慢地代谢掉,让它消失或去别的地方。"类似这样,把负面的斥责、厌恶换个角度变成正面的加油和祝福,你的念头会带动你全身上下的每个细胞,朝向更好的方向迈进。

正面思考是健康瘦身的第一功臣

这过程会让自己快乐，不会产生减肥的人常有的自责、罪恶等负面情绪，也会更快达到理想的效果。我每天洗完澡都会光着身体照镜子五分钟，看看身上有没有什么地方可以更好，同时也和我的身体做类似这样的沟通。我爱我的身体，我们无话不谈，也确信我们正朝着同一个方向携手迈进。

当你的身体开始产生变化，真的瘦了，也变漂亮了，难免会被同学朋友发现并称赞："你瘦了，气色好好！"听到这句话，大部分的人反应是："没有啦！没有啦！"但这个答案就是"否认"。不管你是谦虚、觉得害羞，或者因为不常被称赞而觉得别扭，你都应该大方地接受，用一句"谢谢"来响应别人的称赞。因为你努力了、为健康付出了，你的身体也跟你合作、努力地达到了，这应该是一件很值得你骄傲的事，当你的身体细胞听见你说

"没有啦"，会不会觉得有点气馁，觉得你吝于赞美自己呢？

你也可以回复对方："哦？真的吗？谢谢！我还在努力，希望可以更好！"口气听起来不会太骄傲，也可以让你的身体听到、带动细胞继续往前进。身心灵三者是密不可分的，当你借由正确的饮食和生活习惯，把身体调整到一种平衡而且协调的状态，更需要加入正面而坚定的心念，把你的整体提升到前所未有的巅峰状态。

Jolin 悄悄话

心想事成法，并不是要你自欺欺人喔！而是给你身体一点正向的能量，让身体成为你的最佳盟友，这样才能达到最好效果！

Case Study

孕妇健康瘦身超EASY
蔡姐姐轻松当辣妈

现在，我要告诉你们除了我之外，另外一个发生在我身边的真实瘦身案例。主角就是我的亲姐姐！我将自己身体力行有效的正确瘦身观念，和姐姐一同分享，并给她真心诚意的建议，成功帮助她孕前、孕期和孕后都能够保有令多数演艺圈女星都称羡的美丽优雅体态！连孕妇都能轻松达到的减肥方法，我相信你更是没问题的！

你们现在一定跟我一样，对"爱美"再也不会感到惧怕与遥远。因为瘦身、美丽、健康这一体三面的事情，其实只要养成良好的日常习惯，保持恒心和毅力，我们就一定都能做到！

但是，或许你们会认为，那是因为我有超乎常人的毅力才能达成这样的成果，虽然我确实因为这个"天赋异禀"而达成很多事情，当然也包含瘦身这件事情。不过，我也帮助过很多人成功瘦身，和我一起变美丽，这些人都和你们一样，只想要维持美丽，却受限于空间、时间等问题而无法每天维持大量的运动量。

你一定会问我："那么，这样的我要如何瘦身呢？"

孕前忌口是关键

前阵子经常听到人对着我姐说："从后面看，根本看不出来你是孕妇耶！"那有腰的孕妇身材，让姐姐乐开怀了。而现在姐姐已经生产完将近二个月，更是一大堆惊叹号出现在她的生活里，几乎每个女生都在尖叫："你怎么恢复得这么快？体型甚至比生产前更好！"这一切，当然都归功于我得到的一些信息和观念，帮助姐姐不仅没有孕味，现在还有辣妈的味道了呢。

在姐姐怀孕前，我就特别交代姐姐一定要忌口，绝对不能吃生冷食物，包含生菜、生鱼片，冷饮冰品当然更是大忌中的大忌，而且还严格规定姐姐从冰箱拿出来的东西，一定要在常温下放置15～20分钟。这是基本大原则，听起来应该不难吧？这就是有没有心要去做而已的事情。就这样经过半年的调整，姐姐也很配合地听着我的话去做，最后果然是在相当健康的状态下成功受孕，怀了我们家共同期待的宝贝。

也因为当时姐姐的身体已经相当健康，所以怀孕期间都没有孕吐的现象，说明了姐姐的身体机能运作非常良好，当然咯！最重要的是，姐姐怀孕当时是很完美的49公斤了！不仅养生健康，还达到了减肥瘦身的效果，让她笑得合不拢嘴，也因此让她从此不再抗拒，真的都乖乖听我的话去做了。

Jolin 悄悄话

想当个跟我姐姐一样的完美辣妈，在孕期就应该要开始调养自己的身体，辣妈可不是天生的喔！

孕期间营养均衡

姐姐怀孕期间只胖了8.7公斤，扣掉将近三公斤的宝贝，以及羊水、胎盘之后，姐姐几乎没有胖到自己本身，而且生出来的宝贝更是健康得不得了！你们一定很想知道她是怎么办到的吧？其实，最重要的就是营养均衡，不过其中当然有你还不知道的秘密！

怀孕期间根本无法做一些大量消耗热量的瘦身运动，充其量只能做一些维持身体机能的轻运动，所以我建议姐姐从饮食方向去改善。但是，很多孕妇都担心，一直吃东西、补充小孩养分的同时，小孩还不见长大，自己却已经肿成两倍大！产后就算真的瘦下来，也需要经过一段"拉皮"的紧实努力，才能真的恢复到少女时代的身材。

因此，所谓的营养均衡并不是真的要你囫囵吞枣般什么都吃，而是要你针对菜、肉、淀粉这三大项，挑对身体好的、有帮助的东西吃，至于那些没什么帮助的就尽量不吃，以免造成反效果，反而是身体沉重的负担，徒增体重而已。

为了这本书，我特别商请营养师公开三大孕妇瘦身秘技，避免不必要的孕胖！连孕妇都能瘦得这么健康、达到完美体态，你还担心做不到吗？

其实怀孕的前三个月，是不会有孕胖发生的，所以如果你在前三个月就开始发福，那可就是你自己本身的问题，别找借口怪罪给宝宝。而真正健康、习惯瘦的身体，也不会在怀孕的前三个月就发肿，所以保持瘦身这是很重要的基础观念。进入真正的怀孕期，饮食就成了一门很大的学问，又要让母体有充分营养可以滋养肚子里的宝贝，又不想胖到妈妈的话，那么你一定要记住以下几点，对你绝对受用无穷！

一、忌吃上火的食物

我在科学营养瘦身过程中收获一个观念，就是其实五脏都有"火"，之前的单元也已经有过说明，一般来说上火的情况分成：肝火、肾火、胃火、肠火、肺火；其中以肝火为最普遍的状况，导致上肝火的因素很多，其中最主要的引发因素有三点，也是身为一个忙碌都市人最容易犯的毛病：晚睡（超过晚上11点就算晚睡一族了），情绪不佳，以及我们经常遇到的状况——吃上火食物。

姐姐就是在饮食上做了特别的修正，避免吃上火食物，才能够让她瘦身快速又美丽的！那些听起来都相当可口的食物，可都是引发上火的罪魁祸首，姐妹们一定要小心为上！

二、吃足够的优质蛋白

很多孕妇都觉得自己吃下很多蛋白质,但她们都忽略了很重要的一点是:"优质蛋白"才是真正对身体好的、健康的,吃太多劣质蛋白没有益处,还有可能是造成身体酸毒的来源喔!而且,吃太多劣质蛋白会造成水肿,这就是为什么那么多孕妇老是发肿的重要原因。听起来很可怕吧?哈哈!不要担心,只要吃对蛋白质,就没问题啦。

至于什么是优质蛋白呢?简单来说,鱼、肉、豆、蛋、奶这五大类的蛋白质,烹调15分钟之内的,都可以算是优质蛋白。吃足够分量的优质蛋白,对心脏和肾脏的帮助都很大,是孕妇和宝宝健康的重要源头,更是一般人平常补充健康肌肉的关键,千万不可以忽略。

Jolin要特别提醒各位姐妹们的是,蛋白质的选择要看个人体质,选择适合自己的最重要,不同的人会对不同的蛋白质过敏,例如有人对牛奶过敏、有人对蛋过敏，先了解自己的身体状况，才能得到最好的效果！另外啊，营养师也特别交代，如果你是属于体质虚寒的，在补充蛋白质的时候就尽量挑选比较"温暖"的食物，虽然蛋白质这一大类本身就是属于温性的，但其中又以四只脚动物的较为温暖，两只脚动物的则因为本身体温比较低，所以相较之下是比较寒的。

在外食选择上，可以吃涮涮锅或寿喜烧，但是要注意喔，不要喝汤也不要吃加工食品，如丸子、鱼板、甜不辣、火锅料、火锅饺等都尽量不要吃；青菜和肉类都是烫一下就好，这样不仅可以保留食物的营养素，也达到"优质蛋白"的标准；至于酱料呢，可以用生抽，加点姜或醋或洋葱。此外，快餐店的姜烧猪肉米堡、姜烧猪肉饭也可以吃，如果还想要多点变化的话，也可以吃一般小吃店的烫青菜和一盘烫嘴边肉或肝莲肉，再加一碗淀粉类的白饭、干拌面。

三、傍晚后尽量少吃叶菜类和水果，晚上尽量不吃蛋白质

我知道很多女生都会把生菜色拉当作晚餐，虽然看似清淡又健康，但其实暗藏玄机！姐妹们千万要注意啊！因为，蔬菜类的东西最好是少吃叶菜类，要去吃根、茎、花、果类，例如胡萝卜、花椰菜、皇帝豆、青椒之类的都算是，包心类的也算是喔，菌菇类是另一个不错的选择。因为这些种类才是植物真正储藏、输送养分的地方，也同时具有帮助消化的纤维质，具有营养又帮助消化的东西吃进身体才是有帮助的喔！看到这里，是不是有一种恍然大悟的感觉呢？赶快去检视自己的饮食习惯，是不是老是在晚上吃进对身体帮助不大的叶菜类呢？多吃一点根茎类的食物，才能帮助你美丽瘦身喔！

"为什么晚上也不要吃水果呢？水果不是很好的减肥圣品吗？"相信你们都有这种疑惑吧？减肥这件事情，最怕没有正确的观念了，所以你们一定要注意喔，水果最好是在早上吃，因为人

体在早晨的生理机能是最好的，也是新陈代谢最快的时候，这时候吃进水果，水果里含的酶可以帮助食物分解，促进身体的新陈代谢率。一旦太阳下山之后，人体的生理活动就会渐趋缓慢，新陈代谢已经变缓慢，当你的内脏准备休息的时候，还吃进属于寒性且水分高的叶菜水果，不仅无法促进代谢，还会囤积体内，造成身体水肿，会造成减肥反效果的！

其实，水果绝大部分都是糖类，也都是具有热量的东西，不可以掉以轻心！错误的观念只会让你越减越肥，也会让你心情欠佳。另外，晚上七点半以后也要尽量避免吃蛋白质，这是关系到身体的整个机能运作，总之呢，七点半以后还吃蛋白质啊……保证你也会开始长肉喔！

孕后的瘦身大战！

很多孕妇在"卸货"之后，就会发现自己并没有因此而恢复原本的窈窕身材，因此孕后的消脂大战更是重要的瘦身关键！姐姐是剖腹生产的，根据她的说法，她几乎没有经历到疼痛的阶段，因为身体状态好、伤口愈合快，也就轻巧地躲过了疼痛的阶段，这就是为什么我替姐姐开心的地方，因为她不仅没什么痛到，还马上恢复健康又迷人的小姐身材，这就够你们羡慕的了吧？

在怀孕后，因为脂肪层增厚，所以消除脂肪是重要的成败关键。但是很多妈妈都希望喂养母乳，因此除了一天到晚都要喝一些汤汤水水的补充奶水汤品（例如姜丝山药石斑鱼汤、青木瓜皇帝豆汤）之外，最重要的是，要能补充奶水又要打退母体其他地方的脂肪，这看似很难的任务，但其实只要吃对东西就没问题了！

另外，营养师还特别提到一点，我觉得也很重要，完全颠覆了一般人的传统观念，那就是产妇在坐月子时不建议吃麻油鸡，因为麻油鸡会导致上火，而如果这段期间上火的话，可是会严重影响到奶水分泌的呢。

姐姐的实例部分，我好像讲了很多，但其实用心的姐妹们就会发现，要注意的东西超简单的，是每个人都可以轻而易举做到的哦！这些东西不仅可以让你瘦得健康又窈窕，重点是这些观念都是真正有价值的，在瘦身减肥之余，我们一定要顾及到身体最重要的健康概念，这才是我真正追求的瘦身美容之道啊！谁不想跟我一样，瘦得健康、美丽又快乐呢？！

part 4 养瘦心法大公开！

帮助姐姐调养身体的这段过程，我自己也因此而感到快乐！

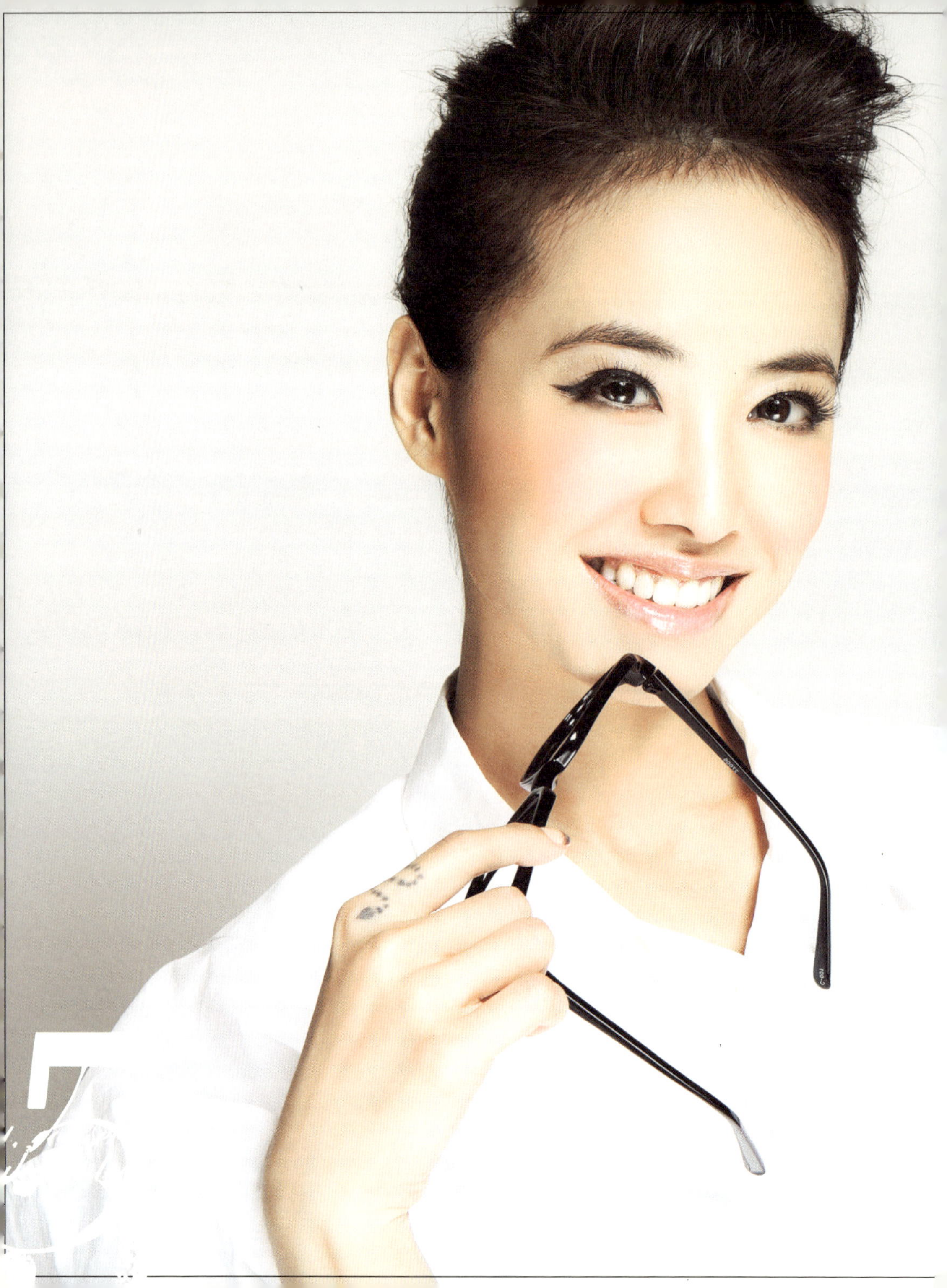

Part 5

乡民们的瘦身美容大哉问

Jolin用经验亲自告诉你

本书集中了广大网友乡民们的问题,针对Jolin的瘦身、塑身、美容、保养等所有关于美的问题,Jolin将带领大家一起追美、变美、保美,并打破所有流言飞语、网络迷思,毫无保留地解决你所有的美丽疑惑!跟着Jolin的脚步,你就是下一位完美公主!

最多网友问的是"快速、有效又便宜的减肥方式是什么？"但是我其实并不希望大家只追求快速有效，而是应该要追求健康美丽的减肥方法，有正确的心态才会有曼妙的身材、良好的气色以及健康的身体，这样才是真正的追美团员喔！

脸蛋

Q：如何从大饼脸变鹅蛋脸？我的两颊很有肉，婴儿肥很明显，请问要如何消除我的婴儿肥？婴儿肥虽然比较娃娃脸，不过人家比较想要瓜子脸！教我变小脸的办法吧！

A：其实啊，我觉得有婴儿肥，代表还年轻，并不用太担心这件事情，老了之后说不定还会怀念现在的婴儿肥呢！一定要记住，学着"爱自己"，就不会觉得脸上的婴儿肥不美了。

不过如果你真的很介意的话，我倒是有个小秘诀，就是**利用按压穴道的方式，让气血活络起来**，或许你也可以试试看！就是在**两颊颧骨下方的穴道往上按推，或是按压耳朵前上下齿咬合的穴道**，如果那阵子脸有点歪斜，就可以试着一点一滴按压回正常的样子。

对了，如果你还想让脸的肤质变水透，可以用点压的方式擦乳液，并尽量使用"凝胶状面膜"，就连油性肌都很适合，可以控油又补水喔！

胸部

Q：因为我之前减肥吃得少，所以胸部变小很多。我想请问要吃什么才可以增补胸部呢？除了饮食调整之外，还有什么方法可以不要在瘦身期间也让胸部消失呢？

A：我觉得如果你希望身体是瘦的，却还是要保持胸部CUP，就不能期待胸部的脂肪还留着，因为你想要真的瘦身的话，全身的脂肪就会一起消除，没有任何一种食物是只会针对胸部去补充脂肪的喔！所以呢，在身体没有过多脂肪的情况下，我就会训练胸部周围的肌肉，**并补充优质蛋白，让肌肉及胸部保有弹性，或是补充胶质食物，这样一来就可以降低胸部变小的几率。**

Q：如何让副乳消失？

A：第一点，你要选对内衣，如果你有副乳的话，就要选择侧边包覆性强的内衣，让副乳变成你胸部的一部分。

第二就是你要确认你胸部附近的脂肪是不是太多了，那就是要减肥啦！至于怎么减肥，请看本书吧！（笑）

第三点，我可能会试着举起手，然后用另外一只手按压腋下的穴道，往身体方向按，让副乳的肉慢慢归位。

手臂

Q：如何甩掉蝴蝶袖？

A：很多人都会问我局部怎么瘦之类的，不过我要告诉各位宝贝一个观念就是，一定要先让全身过多的脂肪都先消除了，才有可能用"雕塑"的方式让局部更漂亮，绝对不要想"只瘦某部位"，这样的减肥观念是错误的喔！

因为脂肪和肌肉是两回事，**脂肪是包覆在肌肉之上的，所以并不会因为做了"局部运动"就瘦某个地方，因为这样只会训练到肌肉**，并不会让肌肉上方的脂肪消除掉，反而越做运动越变大，小心变成了金刚芭比！所以咯，想要消除你的蝴蝶袖，一定要先把脂肪消除了，这样才有可能真的完全抵灭！

腿部

Q：我要怎么做才能将萝卜腿消下来？如何让小腿的肌肉不要那么壮而有线条感呢？如何雕塑腿部曲线呢？

A：据我所知，萝卜腿分成两种，一种是"软趴趴萝卜腿"和"肌肉型萝卜腿"。其中以软趴趴型的较易改善，通常此型是因为下肢血液循环不佳、水分代谢不良导致小腿浮肿。有几种方式可以试试：**一、帮助小腿血液循环**，可常让小腿浸泡热水，由脚踝往上轻轻按摩，或抬腿（45度即可），帮助血液回流。**二、补充铁及钾离子**可帮助血液循环及代谢多余水分，此外，含钾离子丰富的食物有：红豆、香蕉、葡萄柚、橙子、柠檬、西芹……**三、少吃过多的钠**，如：加工食品、浓汤……**四、避免穿着不合脚或过高的鞋**，因为这也容易使下肢浮肿喔！

至于"肌肉型萝卜腿"呢，通常是因先天体型遗传及后天运动导致肌肉结实。如果你跟我一样，是个爱运动的人但有萝卜腿困扰，可改做一些较为缓和或伸展的运动，如游泳、伸展操之类的，**运动后须做伸展操，让小腿肌肉放松，回去后抬腿、泡脚、按摩或轻轻拍打让小腿紧绷的肌肉舒缓，尽量让小腿达到完全放松。**

不过要提醒各位，若想要减少萝卜腿尺寸，要先评估是否有多余脂肪。有多余脂肪的可借由饮食减少脂肪大小，进而缩小尺寸，但不要过度锻炼局部肌肉造成反效果。这样会很可怕喔！

其实，我每次练完舞之后，如果感觉到身体特别疲惫，尤其是双腿，回到家之后我都会泡澡，我特别喜欢泡半身浴。所谓的半身浴，是指浸泡下半身但肚脐要维持在水面之上，（上半身也要记得保暖就是）这样不仅可以放松肌肉，也可以让我的精神得到舒缓，精神百倍呢！

肚腹

Q：我小腹很大，而且还有一点胃凸，怎么办呢？

A：小腹特别大的人，要特别注意妇科的问题，建议去给医生做检查，各位一定要爱护自己的身体，不要对它不闻不问或漠不关心。**胃凸则通常是因为吃饭吃太快有关，记得每一口食物都要咀嚼三十下才可以吞下去。**不过呢，如果你是因为全身脂肪太厚，又特别囤积到小腹，那么就跟着我一起持续努力瘦身美丽吧！

Q：如何清空、改善小腹"便便"的困扰？

A：多吃一些较粗糙的食物，帮助肠道的蠕动，避开精致美食，虽然精致美食很好吃，不过为了我们的身体健康，**选择食物时，经过越少加工过程的食物，一般来说就越健康喔！**然后，当然也要多喝水，让你的肠道润滑，自然可以帮助你排便顺畅啦！

其实，这也是我在书里一直强调的概念，你一定要懂得怎么吃东西，吃对自己身体有帮助的东西，这样就能提高基础代谢率，也才能维持正常的生理机能。如果你有良好且旺盛的生理机能，就不会有这个困扰啦！加油喔！

Q：每当吃完东西后，肚子就会出现鼓鼓的状态，如何让肚子吃完东西后不会出现鲔鱼肚呢？

A：是不是因为你一次吃太饱或太多？我不建议一餐吃到十分

饱，我也不会这么做，通常我都吃到六七分饱就不吃了，因为这样胃才不会被我养大，也不会造成身体过多的负担，当然也就可以避免这样的困扰喔。"少量多餐"不是口号，而是要身体力行，这很重要！

臀部

Q：我家人都是上半身很瘦，但是下半身屁股超大的！请问Jolin如何瘦下半身？

A：如果是全家人都这样的话，请先检视全家人的饮食习惯。不要吃一些会上火或是错误观念导致容易囤积脂肪的食物，也可以做一些下半身的运动，不要整天都坐在椅子上，大步走路等日常就能做到的运动，都可以增加下半身的气血通络，或许可以让你的身材变窈窕。

不过我还是要向各位强调喔，只想瘦局部这种观念是错误的，因为如果你身体健康机能都是良好的，通常就不会有某个地方特别肥胖的问题，如果有部分特别肥，很有可能是脏器或是某生理机能失调了，这时候要注意的是调整身体健康，而不是只想着要瘦身、瘦身。一定要和身体良好沟通、和平共处，这样才不至于有一个地方特肥。

Q：我想请问Jolin怎么保养翘臀的？

A：很多人都是久坐看书，或是长坐办公室而让臀部线条变形、变丑。我想坐椅子的前1／3、维持良好的坐姿，是很重要的基本准则，然后最重要的是，一定要三不五时就站起来走动，下课不要像个懒虫动也不动地就瘫在座位上，当你头昏脑涨的时候，站起来抬臀不仅可以帮助血液循环，还可以美臀喔！

另外，我在下一章也会介绍几个我常做的健身运动，其中就有包含翘臀的技巧喔！

头发

Q：请问Jolin如何护发呢？

A：我护发的程序跟一般人没什么两样，洗完头发之后会擦润丝精之类的护发产品，如果那阵子因为工作关系常常需要大量吹整染烫的话，我还会特别用"超级受损发质"的润丝精。

Q：如何对抗头皮屑？

A：外在的话，可以使用一些去屑洗发乳。不过据我所知，出现头皮屑的原因有可能是因为上了肝火、对蛋过敏等原因所导致，也有可能是因为压力过大。针对这些因素去做身体健康控管，全面性地提升自己的健康指数，那么这些问题就会迎刃而解了！

饮食习惯

Q：我主要想靠饮食来减肥，除了不吃消夜，把每餐的量减少外，还有哪些需要特别注意的？哪些东西最好不要碰呢？完美的饮食减肥方法是什么呢？

A：这个部分，我在书里面有一个完整章节都在说这个喔！因为这是很重要的减肥概念，其中最重要的就是要注意三餐都要吃到"淀粉、菜和肉"，至于那些高油、高热量、长时间烹调的食物，当然就要想办法避开喔！那些不仅会胖，而且还会危害我们的健康呢！

Q：哪些是不能吃的热量较高的食物？

A：其实我不会去算热量，我是用"份数"来计算我每天吃的量。高热量的食物不代表不好，而是要吃"优质"的、对身体有帮助的食物，比方说，很多人以为油脂是不好的东西，但其实我们身体是一定要有油脂才能运作的。所以不是高热量的东西就不能吃喔！

不过呢，高温烹调过的食物，就已经不是优质的食物了，而这些东西的热量也往往都偏高，所以举凡**高温油炸、高温烧烤、高温烘焙、高温快炒的食物**，这些都很容易引发肝火，不但会让你减肥破功，还会让你变丑喔！

Q：如何靠调整三餐和饮食习惯减肥？例如，生活作息，还有要吃什么零食、饮料等习惯都请帮我说明一下！因为我想快速地瘦下来！

A：这个问题其实就问到了我出这本书所想要和各位分享的"养瘦"观念，依赖三餐和饮食调整最基本的生活概念，提高你的基础代谢率，就可以让你轻松拥有健康又美丽的身材。不过要特别注意的是，千万不要因为想要"快速瘦身"，而去尝试许多不好的错误减肥方法，这个我也特别整理了一个章节告诉你们，我以前试过那些很瞎的方法，结果根本无效！（怒）

Q：早餐吃什么是营养又不会胖的？午、晚餐分别要吃什么比较好？我是有点像水肿，可是我的腿部又是肌肉。我同学说别吃淀粉，只吃水煮鸡肉就可以瘦？那是真的吗？

A：错！错！错！千万不能不吃淀粉，也不能只吃水煮鸡肉，因为这样营养不均衡啊，怎么可能健康呢？不健康，就算体重掉了一些也不会变美的，我们要瘦、更要健康美丽，所以一定要营养均衡，三餐都要吃淀粉、菜、肉，这样才能让你的身体一直处于最佳状态，才会消耗最多的热量喔！

Q：市售食物大都标示了热量，但如果热量一样高的食物，要如何挑选呢？要看哪一行字才能吃到较不容易胖的食物呢？

A：**我挑选零食等食物，会看"反式脂肪"是零的才买**，只要有任何一点反式脂肪我就会放回架上。这不仅是瘦身的方法，更是保护身体健康的方式，因为反式脂肪真的是害人不浅的东西！我发现咸的会比甜食来得好，特别是米果类的东西。

其实在身体健康状况好的情况之下，是不会有想吃零食的欲望的，因为你的身体就已经在最佳的状态，脑子或身体各器官根本不会出现这样的讯号要你去吃零食，因为零食其实并不会对身体有任何帮助。

Q：最近很想减肥，我听说薏仁可以消肿瘦身，但我的脸都是肉，所以是消肿还是要消肉？吃薏仁汤真的能减肥吗？要吃薏仁粒还是薏仁水就好呢？

A：其实我没亲身体验过薏仁消肿法，但是根据营养师的看法，薏仁虽然可以消水肿，可是因为比较寒，所以对于那些体质虚冷、虚胖的人，并不建议长期食用薏仁。想要瘦脸的话，建议可以试试看我上一章提到的消肿大法宝"红豆茯苓莲子汤"，这个对美白、安神、消水肿、瘦肩背、瘦上手臂都很有效，对于消脸部水肿当然也有一等一的效果啦！

另外，针对要消肿还是消肉的问题，有个小方法可以判定，提供给各位参考，如果肉看起来松松的、不扎实的样子，而且弹性较差，那这应该是水肿，而真正的肥肉就会比较光滑、比较扎实且弹性较佳。不知道怎么分辨的朋友，不妨捏捏看疑似水肿的地方和肚子肉，两者之间的触感如果不一样，那八成就是水肿了！

Q：哪些食物是减肥禁忌？

A：先认识你的身体之后，所有对你身体不好的食物，都是健康的禁忌，当然也是减肥的禁忌啊。比方说，有些人根本不知道自己对蛋奶过敏，而一味地吃水煮蛋之类的东西，以为这个热量低多吃无妨，但其实这就是错误的观念，因为你根本不认识自己的身体，吃这些东西只会造成你身体的负担，这样怎么和身体一起作战，打败脂肪呢？

我觉得最有效的减肥方法，就是联合自己的身体，一起对抗多余的脂肪，吃对自己有用的食物，不吃对自己没有帮助的食物。

Q：吃什么可以瘦下来同时又不伤胃呢？

A：谁说瘦身就一定会伤胃呢？那是错误的节食方法所导致的，千万不要再尝试了！正确的瘦身方式，是不会伤害身体的，而是唤醒身体的最佳机能，和身体一起并肩作战，吃足够量且正确的食物，让身体维持在最佳的健康状态，产生最好的基础代谢效能，这样的瘦身方式不仅不会伤胃，而且还可以神清气爽！

Q：之前听说Jolin吃任何食物都要过水，这样等于东西都没味道啊！一般人根本难以坚持，但是Jolin你还是做到了！所以很好奇也很钦佩是怎么办到的？

A：过水饮食法我已经不再尝试了，因为我已经了解到**人体不能完全没有脂肪，脂肪可是让我皮肤有弹性的重要元素呢**！但是我现在的饮食习惯仍会保持清淡、营养健康的饮食原则，这不只是减肥瘦身用的，当然也是为了我自己的身体健康着想，我希望我能够维持我年轻健康的身体到老，因为健康是人最重要的资产。我相信只要爱美、爱漂亮的女生都可以跟我一样，达到我现在的体态，坚持、毅力绝对是瘦身的不二法门。一起加油吧！

Q：如何让自己保持喝水习惯但不会水肿？

A：当你熬夜、循环不好或是生理期等期间，造成该被血液带走、排出的废物还继续留在体内，都很容易水肿。**水肿的原因主要是因为代谢差、蛋白质不够或是水喝不够多，**所以会水肿反而要检视是否喝到当天的应喝水分基准量，所以喝水习惯和水肿这两者之间基本上是不冲突的喔！

Q：我很想要瘦身，可是很多减肥方法都只是短期瘦，很容易就复胖了，有的还会有副作用，ex：便秘、精神不振……有什么办法可以调整体质健康地瘦下来，但是效果又很快的呢？

A：听到你这么一问，不禁让我想起多年前的自己，那时候我也跟你一样，试了又试，各种减肥方法我都尽力尝试，一心一意就是要瘦、瘦、瘦！但是却完全忽略了瘦身的目的，不就是为了要变美吗？而那些错误的减肥方法，根本不会让我变美啊！后来我不再追求短期瘦这件事情，因为追求好身材是一辈子的事情，重要的是要有健康瘦的正确概念。当然，要短期瘦身也不是不可能，首要之务就是要"认识食物"，先了解自己的身体，然后再找出最适合自己的食物，并从生活当中去调整习惯。如果出现便秘、精神不振等症状，都是身体出现状况的反应，你们千万要注意喔！

Q：听别人说吃水果、多喝水可以让人变美白，是真的吗？

A：蔬菜水果大多等富含维生素C，可以帮助伤口愈合，也可以补充身体机能需要的东西；喝水可以让你的基础代谢率提高变好，以上两点我相信是会让你变美的，不过会不会变白，我就不确定了！

Q：请问Jolin，除了意志力之外，跟亲爱的好友们聚餐时，怎么在"美食"与"感情"之间，做到最好的拿捏呢？

A：很多人都问我这问题，不过减肥真的就是要靠"坚持和毅力"！千万不要被美食诱惑了。最好的方式当然是避免这种大吃大喝的场合，其次是偶尔去，再利用大餐后的下一餐食物去调整回来，不过你们一定不能松懈，减肥是一生职志啊！

运动塑身

Q： 请问每天做瑜伽，是对塑身比较有帮助还是减肥？

A： 要单靠瑜伽达到"瘦身"、"燃脂"的效果是很有限的，虽然瑜伽的动作耗能较一般运动大，但想减重瘦身还是须配合均衡营养饮食。如果没有良好的饮食习惯，即使运动再积极也很难瘦身成功。不过**瑜伽有许多伸展动作，能帮助拉伸肌肉线条，让身形线条较优美**，但还是要有专业人士在旁指导，并且依每个人的状况循序渐进，不要一次做太多、太猛，会因为运动过度而受伤，或因姿势不良造成脊椎问题。另外，根据物理治疗师的建议，想尝试做瑜伽的朋友，最好先检视自己骨骼结构是否完好如初，以免因为一些特殊动作而加重脊椎问题或腰酸等症状喔！

Q：我想要靠自己运动减肥，可是除了跑步还有什么可以瘦身呢？不然跑步太单调了！有什么比较快或比较能消耗大量卡路里的运动吗？Jolin可以帮帮忙提供一些秘诀吗？

A：**你也可以做一些有氧运动，或是需要大量呼吸的运动，例如踏步机、游泳、有氧拳击等**，借以提高基础代谢率。我的秘诀就是除了运动之外也要"吃"，营养均衡地吃，虽然偶尔偷吃一点高热量的食物，但以长远来说还是要均衡营养，提高人体最能消耗热量的基础代谢率之后，就不怕瘦不下来了！当然不要吃过量是关键喔！

肤质保养

Q：我的脸属于油性（T字油），所以额头附近不时地会冒出些痘痘，可以怎样调理饮食方面的问题呢？

A：会长痘痘的人，大概就是身体机能不稳定、太累或是荷尔蒙问题。我工作量大的时候，常常需要操肝，肝如果一不好马上就会反映在肤质上，所以如果我长痘痘的话，我就会尽量早睡多喝水，或是吃一点蚬锭。不过重要的当然是对于那些过油、高热量食品都要忌口。

Q：睡眠时间、作息时间会影响到肤质的差异吗？

A：每个人都会有自己的生理时钟，通常是七、八个小时，如果可以让自己每天都睡饱是最好的，不管是对肤质或是对身体都有很大的帮助，且在身体排毒的23点～2点间睡觉是最有效果的。不过有些人会觉得自己怎么睡都睡不饱，那并不是自然的生理时钟现象，而是身体出状况了。另外，我也开始力行早睡早起，发现这样不仅对我的瘦身、健康和肤质都大有帮助之外，我甚至有更多时间可以完成更多的事情。所以我已经改掉以前睡到快中午的坏习惯，现在都八点左右就起床了喔！

Q：哪一款的洗面奶可以对抗青春痘又可以去油保湿呢？

A：我比较喜欢含氨基酸类的洗面奶，用起来不会太干又不会太滑。

Q：有人说一白遮三丑，不知道Jolin认不认同？

A：我并不会觉得白就是美，我比较崇尚自然肤色，觉得美的定义不是颜色，而是肤况。如果你皮肤黝黑，但是富有光泽和弹性，那也是很美的啊！相反的，如果你皮肤白皙，但却是无血色的死白，这样并不美观，是不是？

Q：要怎样美白又不花钱？我是小五的小女生，所以没钱！希望Jolin快来拯救我。

A：亲爱的妹妹，我想跟你说，你还在发育，让身体自然健康地长大就好了。不要追求美白，而是要追求健康，因为我认为只要你身体健康，肤质就会反映出光泽感，这样就是最美的了！

Q：我们学校因为有活动，所以每天必须狂晒太阳，然而我想要变白，有什么方法可以让我尽量不要晒黑呢？

A：**防晒是一定要的工作，否则会造成黑色素沉淀、有斑，甚至会产生其他病变。**所以防晒工作不可少，对身体才是真的好！

平常每天都一定要擦防晒，千万不要以为阴天就可以松懈喔，因为阴天也还是有紫外线的，照样会让你的黑色素沉淀！出门前15分钟到半小时就要擦了，这样才能真正抵御紫外线，然后也别忘了要随身带着防晒产品，因为每两个小时就一定要补擦一次。如果还是不放心的话，就是尽量避免长时间将皮肤曝晒在阳光下，就算是大热天都穿着透气、抗UV的长袖薄外套，这才是真正保护皮肤的方法喔！

Q：我有很严重的黑眼圈，也有眼袋，热敷等等的方法我都试过了，就是没效！我也没有再熬夜，那我到底该怎么办呢？

A：有黑眼圈的你要注意，通常这是鼻腔过敏、或是某器官出现问题了，当然也有可能是因为你常熬夜或是眼压大，可以试着按摩眼周穴道，让你眼睛附近的血路畅通。方法是：按压左右眉心，往上按；以及按压瞳孔正下方的骨头处，往下按。这方法可以让眼睛变明亮，不过要注意的是，脸部皮肤就像是一张网子，所以不用按太用力、太深，以免将网子弄皱了，这样就容易产生细纹，只要轻按即可。

Q：有没有什么方法平时随手可取也可以天天保养的？变白、瘦身、新陈代谢之类的都可以。

A：首先，你要先了解自己需要什么，知道自己的身体状况，

"往内"找到自己的问题，并且把我在书里说的那些东西，都牢记在心里，养成正确的生活习惯，这样不但不用带任何东西就能随时保持瘦身意识，更能够有健康养生的好生活。

Q：很多艺人都要接通告常常好几天不睡，这样不是对皮肤伤害很大吗？可是他们还是保养得很完美，是要花大笔钱买保养品吗？Jolin如何在像宣传期作息较不正常的情况下，还能保有相当好的气色及良好的肤况呢？另外更想知道Jolin这么忙，有时间睡觉吗？

A：我的工作确实常常呈现持续忙碌的状态，有时候甚至没有时间休息睡觉。所以，在这样密集工作的情况下，我都会尽量早睡不拖拉，偶尔也会吃点东西排解一下紧绷的心情，不过如果还是很累的话，我就会排开一天时间让身体休息！

Q：我的眼周鱼尾纹和法令纹比同年龄的人明显，很多人都叫我不要太常笑，但是不笑又很容易让人觉得我长得很凶狠。我该怎么让这些皱纹消失呢？

A：有皱纹的人是不是心事太多啊？放宽心，不要想那么多！学着爱自己，让自己开心过日子吧！

Q：请问你泡澡时可以在水里加些什么，睡前可以抹些什么，洗完澡后可以抹些什么的？

A：我泡澡的时候不会加一些号称有减肥功效的辅助品，不过会洗泡泡浴，这当然没有任何瘦身效果，但是却能让我在忙翻的工作之后得到心情上的舒解，我觉得这是很重要的，洗澡就是应该要全然放松心情，让身心灵都得到解放。要注意喔，**心脏比较弱的女生尽量泡半身浴，不要泡到肚脐，否则可不能排水喔！**

洗完澡之后，我会趁着身体还温热、微湿的时候抹含有果酸的乳液，因为我不常去身体角质，所以会借由每天抹的果酸乳液为身体肌肤做一点汰旧换新的工作。有一点我比较在意的是，我不喜欢有化学香料味道的乳液，我比较喜欢纯天然的味道，如羊咩咩的乳香味道，就是我很喜欢的乳液香味。

其他问题

Q：穿塑身衣对瘦身有用吗？

A：我想这应该跟穿静脉曲张袜是一样的道理吧？就是可以维持体态，让身体保持警讯，且在强烈塑形的效果下也会没胃口，不是吗？不过重要的是，不要穿太久，否则会造成血液循环的问题，也不要一脱掉就开始放纵大吃，这样反而会得到反效果。

Q：当体重瘦到一个极限时还想再瘦下去，要怎么做呢？

A：除非你真的已经够瘦了，不然的话，就是你的基础代谢率已经降低或停掉了！就要想办法让身体维持最佳状态、提高基础代谢率，不要以为不吃才会瘦，而是要吃、吃对的食物，这样反而能真的瘦下去，也才有健康的身体！

part 5　乡民们的瘦身美容大哉问

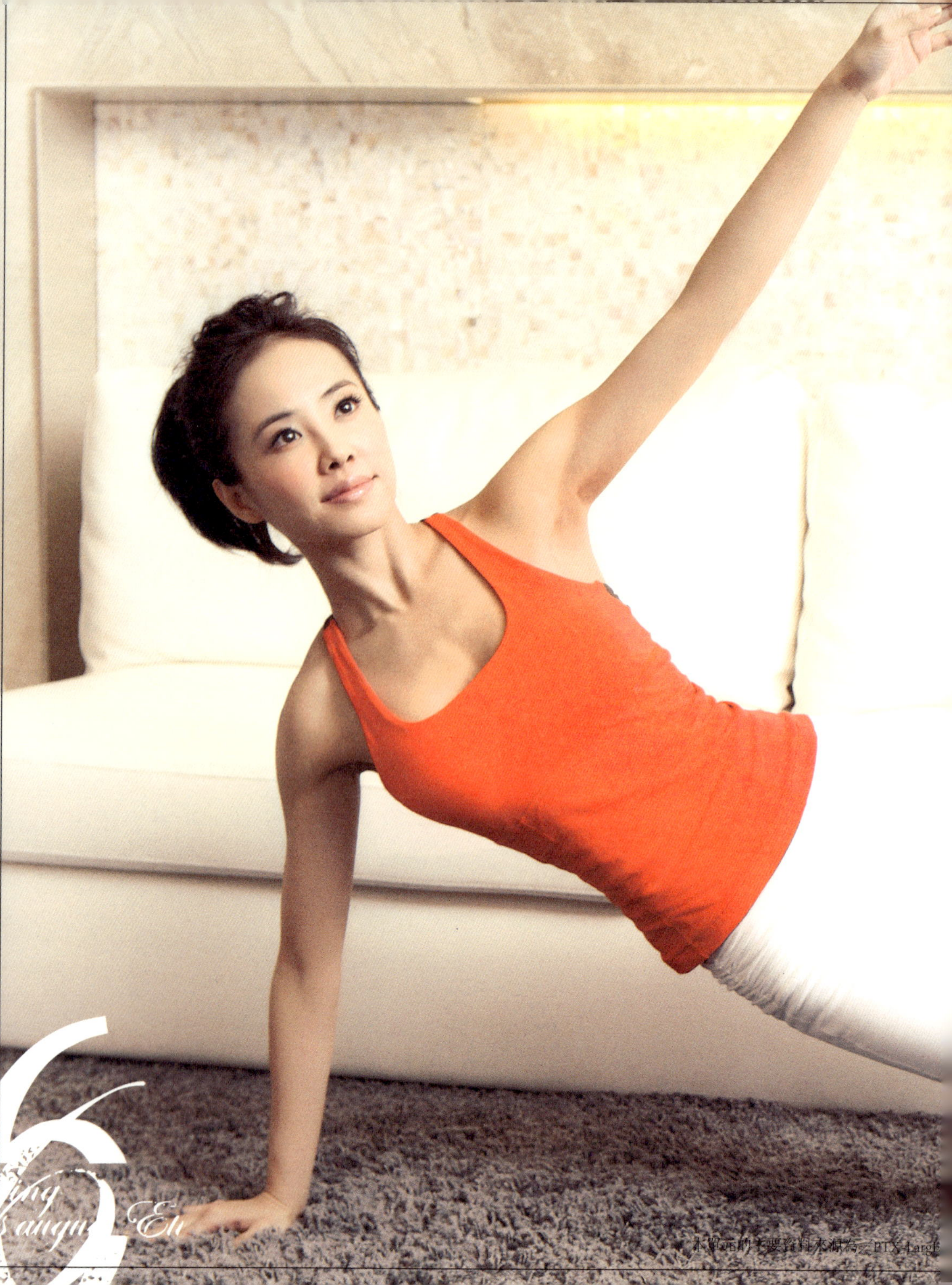

Part 6

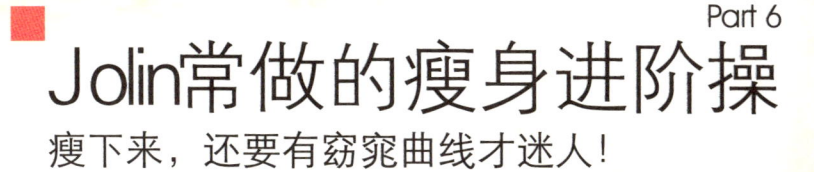

Jolin常做的瘦身进阶操
瘦下来，还要有窈窕曲线才迷人！

这个单元是我特别为各位设计、示范的运动，也是我雕塑身材曲线的秘密武器。不过要特别提醒的是，这些运动并不是拿来瘦身用的，而是为了让身材线条更加紧实！所以不要笨笨地猛做，然后没变瘦反而练出一身肌肉喔！

做运动前须知笔记

1.以下五套动作,要轮流做,才不会让某一块肌肉特别发达。

2.如果做一做某肌肉已经相当酸痛,就可以换别的动作,但不管怎么换,每个动作就是要做满50下才可以喔!

3.每个动作,每次都要做50下再休息才有训练到心肺功能和肌肉,不过每个人可以根据自己的心肺功能将次数分段,例如:将A动作分成5次做,每次做10下,再接着做B动作;或是A动作25下→B动作25下→C动作25下→D动作25下→E动作25下,做完五个动作之后再重复一次。

4.你可以根据自己的情况选择做这套运动的频率。如果是演唱会前夕的密集训练期,我大约两天就会做一次;如果是平常日,我有可能一周做两次而已。不过,大原则是一周至少要做一到两次喔!

5.虽然每个动作都会特别注明训练的肌肉群在哪,不过其实每个动作都会同时训练到很多肌肉群。

6.一定要先做暖身或拉筋的动作,不然很容易因为一不小心的姿势错误而让自己的身体受伤害,这样会得不偿失。

7.每个人都要视自己的状况加铁饼,不要逞强也不要偷懒喔!(我已经做这些动作很久了,所以已经可以加到六块饼了,嘿嘿!)

8.**这套动作不会变瘦!切记!**如果真的想要瘦身,要做高氧量的运动,例如慢跑、有氧舞蹈或是游泳,不过就如同本书前面章节所说的,真的瘦身法主要还是要靠饮食控制喔!

美人纤背式

训练区

正　背
背后肌
臀下肌
大腿后侧肌

CHECK!
要切记！
背一定要直，不然会伤到背部的肌肉和筋喔！

Step 1
脚与肩同宽，手自然下放，膝盖往下弯。

Step 2　POINT
手伸直、垂直将杠铃拿起，脚微弯，杠铃沿着大腿慢慢放下，膝盖不可超过脚趾。此时背拉直，屁股往后坐，上半身向前微倾，将重心放在臀部。

Step 3
背向上挺直，胸部往前、往上挺，屁股往前挺并收紧。

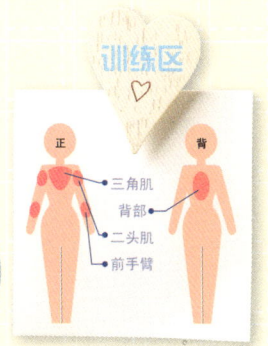

B 诱人美背式

part 6 Jolin常做的瘦身进阶操

训练区
正 / 背
- 三角肌
- 背部
- 二头肌
- 前手臂

☑ **chEck!**
如果手肘呈现90度的话就没问题了！

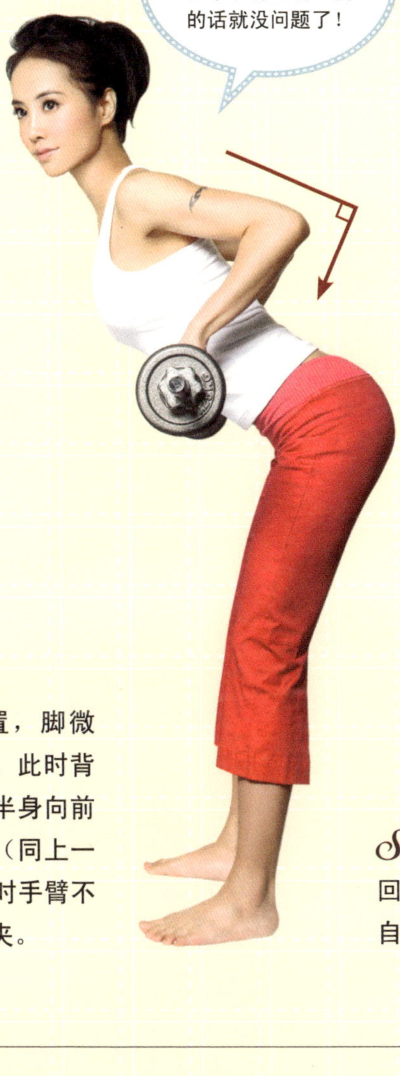

Step 1
脚与肩同宽，手自然下放，膝盖往下弯。

Step 2 POINT
将杠铃提高到胃部位置，脚微弯，膝盖不可超过脚趾。此时背拉直，屁股往后坐，上半身向前微倾，将重心放在臀部（同上一组动作A之Step2），此时手臂不要向外张，要尽量向后夹。

Step 3
回到Step1，双手自然放下即可。

221+

肩颈骨感式

训练区

正 / 背
- 肩膀
- 二头肌
- 三角肌
- 前臂
- 上背肌

✓ chEck !

千万不要一边翻转杠铃，一边往上抬喔！这样很容易受伤，一定要把杠铃垂直抬到锁骨的位置之后，才可以开始翻转！

Step 1

脚与肩同宽，手自然下放，膝盖往下弯。

Step 2 POINT

将杠铃垂直提起，拉到接近下巴、锁骨的高度，注意手肘要向上张开。到此高度之后，手肘往下收，将杠铃先停在锁骨高度，再高举过头。过程当中，若因重量或是做的次数较多了，造成手臂的肌肉有压迫感，在高举杠铃之前可微蹲，利用腿部肌肉来分担重量，完成动作。

Step 3

将杠铃高举过头，直至双手向上伸直。

part 6 Jolin常做的瘦身进阶操

心机俏臀式

训练区
正 背
臀部
大腿前后侧

Step 1
双脚与肩同宽，将杠铃放绕过后颈，放肩上，手自然向上扶着。

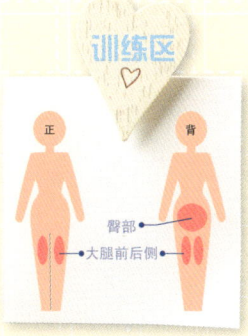

✓ CHECK!
重心要放在前脚的后脚跟，这很重要喔，如果放错地方，可能会练到大腿前侧肌，这样会变成金刚芭比喔！

Step 2 POINT
单脚往后踩一大步，确认重心放在前脚的后脚跟上，后脚用脚尖轻轻踩着，脚掌不可下踩。上半身要挺直，前脚膝盖不能超过脚趾。

Step 3
利用前脚脚跟的重心，往下踏的感觉，然后身体往上，站起后脚顺势提起离开地板。此时，后脚脚尖可轻点地面，也可提起腾空。重复此动作后再换脚做。

223

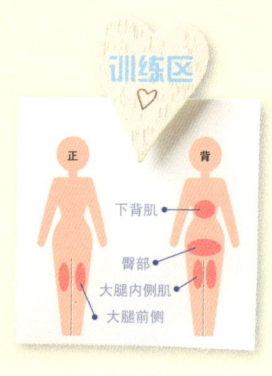

紧实大腿式

訓練区
正 背
下背肌
臀部
大腿内侧肌
大腿前侧

Step 1
延续上一组动作，初始动作同，但双脚可微宽于肩膀。

Step 2 POINT
手掌心向前握住杠铃，臀部慢慢向后坐，背要直，双腿微弯，但膝盖不可超过脚趾。

✓ cHEcK！
很多人做此动作时只注意到背要直，尽量让臀部往后坐，可以让你有诱人俏臀的！

Step 3
臀部往前，膝盖伸直站回到Step 1，重复蹲起姿势。

很高兴你看完了本书!
相信你已经学会我的独门"养瘦"秘诀,
那么,从现在开始,和我加油、努力
一起变身大美人儿吧!
(︶﹏︶)

图书在版编目（CIP）数据

养瘦 / 蔡依林著 . —上海：上海文艺出版社，2011
ISBN 978-7-5321-4253-8

Ⅰ. ①养... Ⅱ. ①蔡... Ⅲ. ①女性—减肥—基本知识 Ⅳ. ①R161

中国版本图书馆CIP数据核字（2011）第192666号

著作权合同登记号　图字：09-2011-482号

特约策划：吴文娟　徐曙蕾
责任编辑：毛静彦
装帧设计：曾琼慧　汪佳诗

养　瘦

蔡依林　著

上海文艺出版社出版、发行

上海市绍兴路74号

新华书店 经销　利丰雅高印刷（深圳）有限公司印刷
开本 700×889　1/16　印张 14.5　字数 100 千字
2011年11月第1版　2011年11月第1次印刷
ISBN 978-7-5321-4253-8/G·110　　定价：35.00元